Julia Kalfon

ANIMEZ VOS RÉUNIONS !

Méthodes et outils pour conduire vos groupes avec succès

3e édition

DUNOD

Éditorial : Innocentia Agbe et Margaux Lidon
Fabrication : Pauline Riou
Mise en page : Belle Page
Couverture : Florie Bauduin

NOUS NOUS ENGAGEONS EN FAVEUR DE L'ENVIRONNEMENT :

PAPIER CERTIFIÉ

Nos livres sont imprimés sur des papiers certifiés pour réduire notre impact sur l'environnement.

Le format de nos ouvrages est pensé afin d'optimiser l'utilisation du papier.

Depuis plus de 30 ans, nous imprimons 70 % de nos livres en France et 25 % en Europe et nous mettons tout en œuvre pour augmenter cet engagement auprès des imprimeurs français.

Nous limitons l'utilisation du plastique sur nos ouvrages (film sur les couvertures et les livres).

11 rue Paul Bert, 92240 Malakoff
www.dunod.com
ISBN 978-2-10-085895-8

Remerciements

Je voudrais dédier ce livre

- à tous ceux qui me sont chers ;
- à tous ceux qui ont participé à mes réunions depuis plus de 25 ans et qui me font sans cesse évoluer dans ce métier... ;
- à tous ceux qui me soutiennent et soutiennent mes projets ;
- à tous ceux qui m'ont fait et me feront confiance.

Sommaire

Partie 2
Les réunions présentielles

Partie 3
Le mode d'emploi des réunions en distanciel

Prologue

Cette troisième édition me paraît plus que nécessaire. J'ai commencé mon métier dans les années 2000. À l'époque, Internet arrivait à peine, le téléphone portable était à ses balbutiements et les smartphones n'existaient pas. Autant vous dire que, depuis, a eu lieu une véritable révolution. Les deux précédentes éditions sont parues avant 2021 (avant le Covid) où le monde présentiel s'est arrêté pour se poursuivre en virtuel. Et là, une autre révolution a eu lieu. Depuis cet arrêt forcé, nous avons tous dû apprendre à travailler autrement. L'acculturation générale au travail à distance a brusquement été réalisée.

Sans entrer dans toutes les évolutions en cours, nous savons que le monde du travail est en pleine mutation. Le télétravail est totalement entré dans les mœurs, les grandes villes se vident au profit de plus petites, les bureaux se transforment avec de nouveaux usages, les cadres doivent apprendre à gérer des équipes qui ne sont plus là, le bien-être et la qualité de vie priment sur le travail, et nous pourrions en ajouter des pages.

Les salariés d'aujourd'hui ne sont plus les mêmes qu'il y a dix ans lors de la première édition de ce livre. Les besoins en termes de management ont changé, les modèles d'organisation ont changé, les réunions ont changé.

Même si l'on voit poindre une volonté de rapatrier les salariés dans les entreprises, les réunions à distance ont totalement trouvé leur place dans le quotidien. Une réunion ne coûte plus très cher à organiser, et remplit avec brio la plupart des besoins opérationnels sans pour autant parvenir à remplacer le présentiel du point de vue de la créativité et de la cohésion.

Dans cette nouvelle édition, je vais mettre l'accent sur ces évolutions mais aussi sur les invariants des réunions en présentiel et en distanciel. Ensemble, nous travaillerons les notions d'opérationnel et d'aspirationnel, autrement dit, les résultats et les besoins de sens. Ce qui est vrai en présentiel ne l'est pas forcément en distanciel, mais l'inverse est vrai aussi.

Explorons ensemble ce nouveau chemin qui dans deux ans aura encore évolué !

Introduction

Une réunion, en entreprise, est un espace-temps durant lequel plusieurs personnes échangent autour de sujets précis. Il y a dix ans, je vous disais qu'une réunion (on ne parlait quasiment que de présentiel à cette époque) ne doit être mise en place que si elle a de bonnes raisons d'exister et qu'elle ne peut pas être remplacée par un autre mode de communication. Aujourd'hui, j'aurais tendance à vous dire l'inverse…

Le travail à distance a complètement modifié le paradigme de la réunion. Une réunion en distanciel est maintenant tellement facile à organiser que celles en présentiel se font plus rares. Les questions de la préparation et de l'objectif de la réunion devraient normalement précéder l'organisation de la réunion, mais ce n'est pas souvent le cas. Les nouveaux modes de travail, mêlant travail à distance et travail sur site, requestionnent les enjeux des réunions. On enchaîne les Zoom, les Teams ou tout autre nom de système de visioconférence. On pense que remplir nos agenda de meetings nous permet de faire avancer le travail et se substitue totalement aux réunions présentielles. Cependant, on oublie parfois que cet enchaînement nous empêche de réfléchir, de prendre du recul voire de produire. Aussi, rappelons-nous, avant de lancer une réunion, de la considérer comme un lieu d'échange, où des personnes émettent un message, d'autres le reçoivent, questionnent, réagissent…

Il peut arriver que les messages échangés ne s'adressent qu'à une seule personne (par exemple, le manager) mais dans la volonté de faire vivre une équipe on convoque tout le monde, provoquant parfois le sentiment de perte de temps voire le désengagement.

Il arrive souvent que la parole ne tourne pas, que les messages soient mal énoncés ou mal compris. Ce sont autant d'exemples qui montrent l'intérêt d'avoir un animateur de réunion. Au-delà de l'organisation et de la mise en place de l'ordre du jour, il peut également donner le tempo des échanges et être à l'écoute des signaux à faire expliciter.

Si tout le monde pense savoir animer une réunion, tout le monde n'est pas animateur. La différence se jouera au niveau des qualités humaines développées, de la capacité à lire la nature humaine, ainsi que des intelligences sociale et émotionnelle, qui lui permettent d'écouter les non-dits et de percevoir les mots inexprimés. Toute personne motivée peut devenir animateur en s'ouvrant aux autres et en se faisant confiance.

L'animation d'une réunion repose, bien sûr, sur la maîtrise de techniques allant des plus simples aux plus complexes, mais aussi sur la maîtrise d'outils de décodage de l'humain. Le rôle de l'animateur varie sensiblement selon le type de réunion. L'animateur doit savoir adapter son animation à sa réunion et à son objectif. Il tient une place essentielle dans l'efficacité d'une réunion.

On n'anime pas de la même manière une réunion d'informations descendantes et un recueil d'informations : les postures doivent s'adapter.

La première partie de ce livre vous guidera dans la compréhension du type de réunion que vous devez mener en fonction de vos objectifs. Les deux autres parties éclaireront les spécificités de l'animation de ces réunions en présentiel et en distanciel.

Le défi de ce livre est de vous guider sur les attitudes d'animation à tenir, mais aussi de vous donner un maximum d'outils et astuces pour animer vos réunions. Il vous servira de grille de lecture pour adapter votre comportement aux situations les plus improbables et mener votre groupe jusqu'à son objectif. Et pour vous aider au quotidien, vous trouverez en annexes des guides d'animations type pour les réunions les plus fréquentes.

N.B. : par soucis de simplification, les mots utilisés ici sont volontairement neutres. « L'animateur » désigne celui qui mène la réunion, mais derrière ce terme, ce sont tous les métiers qui doivent gérer de l'humain. Il peut être incarné par un homme ou une femme. Nous n'utiliserons donc pas l'écriture inclusive.

« Les participants » désignent ceux qui assistent à la réunion, avec (collègue, collaborateurs) ou sans relation avec l'animateur.

Partie 1

Les réunions et leurs objectifs

Chapitre 1

La mise en place d'une réunion

Qu'est-ce qu'une réunion ?

Une réunion est un espace-temps où se réunissent :

- un groupe de personnes concernées ;
- un sujet et une problématique ;
- un objectif ;
- des interactions qui visent à atteindre un/des livrable(s).

Pour une réunion de plus de trois personnes, il est préférable qu'un animateur gère l'organisation, l'ordre du jour, le temps et le déroulé pour atteindre les livrables souhaités.

Dans ce livre, nous ne nous intéresserons qu'à ce type de réunion.

La validité de la mise en place de la réunion

La mise en place d'une réunion ne vaut que si elle a un but précis, un objectif. La facilité de mise en œuvre d'une réunion à distance réduit considérablement les coûts de structure et de déplacement liés au transport et à la présence des participants. Cette facilité nouvelle provoque un accroissement du temps de réunion dans les organisations. Cependant, rappelons que le temps de réunion n'est pas du temps opérationnel.

À cette étape, vous :

- questionnerez la validité de la mise en place de la réunion ;
- identifierez les avantages et les inconvénients du présentiel et du distanciel ;
- définirez l'objectif de la réunion ;
- préparerez l'ordre du jour ou les étapes pour atteindre l'objectif (voir partie 2 pour le présentiel et partie 3 pour le distanciel) ;
- identifierez les personnes à inviter à la réunion.

Définir la pertinence d'une réunion

Avant de mettre en place une réunion, l'animateur / le manager / chef de projet [...] doit se poser les questions suivantes :
- Pourquoi une réunion ?
- Est-ce un sujet sensible ?
- Quel est l'objectif de cette réunion ?
- Quelles sont les informations dont j'ai besoin ?
- Quels sont les éléments de réponse déjà en ma possession ?
- N'ai-je pas accès à ces informations dans des rapports existants ?
- Ne puis-je pas obtenir mes réponses auprès d'une seule personne ?
- La présence de tous est-elle obligatoire ? Pour quelles raisons ?

Aux vues des réponses à ces questions, il décide si :
- Il est préférable de rencontrer individuellement la (les) personne(s) la(les) plus à même de le renseigner, ou de convier toutes les personnes concernées à une réunion.
- Cela doit se faire en présentiel ou en distanciel.

Une réunion est jugée pertinente si :

- on doit transmettre les mêmes informations à plusieurs personnes ;
- on cherche à recueillir des informations sur un même sujet auprès de plusieurs personnes ;
- on doit résoudre un problème, chercher des solutions ;
- on souhaite utiliser la dynamique de groupe ;
- on cherche à gagner du temps par la confrontation d'idées ou sur une prise de décision ;
- on doit mettre en place un plan d'action mêlant plusieurs personnes ;
- on cherche à faire naître/à entretenir une cohésion d'équipe ;
- on cherche à faire adhérer plusieurs personnes à un projet ;
- on cherche à confronter des avis.

L'impact des nouvelles pratiques de travail sur les réunions

Auparavant, le mot réunion était principalement réservé aux moments où les équipes se retrouvaient dans un même espace. L'adoption massive du télétravail, durant la crise sanitaire mondiale de 2020, a profondément modifié l'organisation même du travail, rendant tout espace d'interaction un moment de réunion à distance. À cette période, nous avons tous fait évoluer nos pratiques de travail, nos approches du « travailler ensemble » même si nous avons tous souffert de ne pas pouvoir rencontrer physiquement nos congénères.

Cette période a évidemment fait évoluer notre manière de travailler. Elle a permis de développer l'acculturation de nombreux salariés à de nouveaux usages et à l'appropriation des outils/applications informatiques beaucoup plus rapidement que prévu.

Aujourd'hui, une bonne partie des réunions sont à distance, plus faciles à mettre en place. Cela permet des réunions plus fréquentes, plus courtes et plus opérationnelles, d'assurer le suivi des projets et de répondre aux urgences. Les collaborateurs en télétravail ou établis sur plusieurs sites peuvent maintenir un lien. Même en présentiel, les usages de l'ordinateur, de la tablette, du téléphone, des applications de travail ne sont plus des freins pour faire interagir les participants.

La révolution du travail à distance a complètement redessiné les champs de fonctionnement d'une réunion et l'intelligence artificielle (IA) dessinera de nouveaux changements.

Présentiel ou distanciel ?

Pendant le Covid, le distanciel a sauvé de nombreuses entreprises du chaos et a permis la montée en compétences de toutes les équipes sur l'utilisation des modules de réunion à distance. Depuis, le télétravail et le distanciel ont prouvé leur facilité et leur utilité. Le distanciel est devenu une norme. Mais en quoi le présentiel est-il différent du distanciel ?

Le travail en présentiel, les réunions physiques, permettent de travailler, de manière plus approfondie la cohésion du groupe. En maillant la communication verbale à la communication non verbale et paraverbale, ainsi qu'à la circulation de l'énergie, le présentiel permet de mieux se comprendre. Ainsi, les équipes peuvent travailler de façon plus approfondie et sur des sujets plus complexes, en développant davantage la créativité et facilitant la résolution de problème.

À distance, la fluidité communicationnelle est moins présente. Les informations se succèdent et s'additionnent, mais la part d'enrichissement est moindre qu'en présentiel où, la multiplication des possibilités d'interaction permet aux données de rebondir et de se combiner tout en facilitant la cohésion.

- En distanciel, 1 + 1 = 2.
- En présentiel, 1 + 1 = 3.

Le choix d'une réunion en présentiel ou en distanciel dépendra donc de l'objectif et du niveau d'élaboration nécessaire durant la réunion.

La différence essentielle entre un groupe en présentiel et en distanciel est l'énergie qui circule. En présentiel, elle circule librement mais elle est très difficile à ressentir à distance. Cette énergie nourrit la dynamique collective, favorise l'échange et l'innovation.

De nombreux articles ont révélé que les Gafam(Google, Apple, Facebook, Amazon, Microsoft), comme beaucoup d'acteurs de la tech, ont largement promu le télétravail pendant la pandémie. Deux ans après le Covid, ils rappellent leurs collaborateurs sur site.

Le paradoxe frappe : ce sont les entreprises qui ont conçu les outils du télétravail qui se montrent désormais les plus réticentes à le maintenir.

L'évolution des réunions dans les organisations

Les réunions sont omniprésentes dans le fonctionnement des organisations, mais elles ne sont pas toujours synonymes d'efficacité. Leur multiplication, notamment avec la généralisation des outils distanciels, a engendré des risques importants : surcharge, perte de temps opérationnel, ou encore lassitude des participants. Il est essentiel de réintégrer les réunions dans une stratégie globale, où elles servent avant tout à structurer la réflexion collective, renforcer la cohésion et accélérer la prise de décision. Pour cela, chaque réunion devrait être envisagée comme un investissement. Une réunion mal préparée ou non alignée sur un objectif clair devient une distraction qui grignote le temps opérationnel.

Sans suivi des décisions et des actions, les réunions ne servent à rien. On peut alors se poser la question suivante : quel retour sur investissement en termes de résultats et de dynamique d'équipe peut-on attendre de cette réunion ? À défaut d'une réponse claire, d'autres formes de collaboration, telles que l'échange bilatéral ou le travail asynchrone, pourraient être préférées.

À savoir

Pour maximiser l'efficacité des réunions à distance, il est essentiel de respecter certains fondamentaux :
- alterner les temps individuels et collectifs pour préserver l'attention ;
- garder à l'esprit que l'attention humaine ne se mobilise que par tranche de vingt minutes environ ;
- une réunion de deux heures trente en télétravail équivaut à une demi-journée de travail en présentiel : planifiez-les judicieusement ;
- enfin, être en télétravail ne signifie pas être disponible tout le temps : respectez les temps de pause pour éviter l'épuisement.

Définir un objectif de réunion

L'objectif d'une réunion doit être codéfini par le commanditaire et l'animateur de la réunion : accompagné par l'animateur, le commanditaire doit dégrossir la question afin de définir la pertinence de la tenue de cette réunion et :

- réunir les informations en rapport avec le sujet dont l'entreprise dispose ;
- dresser le contexte de cette réunion ;
- déterminer la/les dimensions de la réunion (voir chapitre 2) ;
- définir les premières questions à se poser.

Cette étape de questionnement est extrêmement importante. Lorsque le commanditaire choisit d'animer lui-même, c'est une étape qu'il néglige, souvent au détriment de la qualité de la réunion.

Poser un objectif

Écrire la question telle qu'elle vient spontanément, sans faire attention à la syntaxe, au vocabulaire ou à l'orthographe : on écrit ce que l'on recherche avec ses propres mots.
On répond ensuite aux questions suivantes : qu'ai-je besoin de savoir ? Quelles sont les informations que je cherche ? Pour quelles raisons je souhaite mettre en place une réunion ? Quels sont mes délais ?
Une fois ces informations posées, on formule trois fois l'objectif avec des mots différents et sous forme de questions. Sous la forme interrogative, l'objectif sera plus dynamique, plus facile à préparer, et permettra une meilleure adhésion des participants.
On relit à voix haute les trois formulations et on choisit la bonne, c'est-à-dire celle qui exprime clairement sa pensée et définit, sans biais, l'objectif recherché. Si aucune formulation ne convient, on recommence l'exercice en favorisant des phrases courtes.

Exemple

Je souhaite mettre en place une réunion pour vérifier tous les dossiers d'un client, avant un rendez-vous avec lui la semaine suivante.

- **Formulation 1** : quels sont les ressentis de mes collègues sur les dossiers de ce client ?
- **Formulation 2** : comment avoir une vision globale de tout ce qui touche à ce client, avant mon rendez-vous de la semaine prochaine ?
- **Formulation 3 :** comment faire rapidement une liste des dossiers traités et réunir les points de vue de mes collègues, ainsi que leur *feedback* sur leurs déroulements pour ce client ?
- **Mon choix** : la formulation 3.
- **Raison de ce choix :** bien que cet objectif soit le plus long, j'obtiendrai ici la liste des affaires traitées par mes collègues avec ce client, mais également leur ressenti sur le déroulement des dossiers et leur point de vue sur ce client, tout en intégrant la dimension temporelle.

Définir les objectifs latents

Chaque réunion s'inscrit dans une démarche globale. Il est nécessaire de définir les objectifs réels ou latents d'une réunion. La question que l'animateur doit alors poser au commanditaire est : « Pourquoi dois-je chercher ces informations ? »

S'il est lui-même le commanditaire de la réunion, l'animateur devrait également se poser cette question le plus honnêtement possible. Or, cette étape n'est pas simple à effectuer seul. Le plus souvent, par souci de gain de temps, l'animateur commanditaire se dit qu'il sait pourquoi il pose ces questions, et aura tendance à sauter cette étape pourtant cruciale. Cette démarche demande une certaine objectivité.

C'est pourquoi un animateur extérieur au service réussira davantage à déterminer ces objectifs latents : il aidera le commanditaire à mieux formuler sa demande.

Exemple

L'objectif annoncé est le suivant : « Je souhaite faire une liste des dossiers traités et réunir les points de vue de mes collègues, ainsi que leur *feedback* sur le déroulement des différents dossiers pour ce client. »

L'animateur doit alors se demander pourquoi le commanditaire a besoin de cette information. Les réponses peuvent être multiples :

- parce qu'il y a un souci sur une commande et qu'il a besoin de connaître l'historique des relations avec ce client ;
- parce qu'il veut aller lui vendre un nouveau type de prestation et qu'il souhaite voir si tout se passe bien avec ce client ;
- parce qu'il a lui-même un problème relationnel avec ce client et il veut vérifier les relations de ses collègues avec lui, pour éventuellement changer de responsable de compte.

Les raisons peuvent être multiples et n'ont pas les mêmes conséquences sur l'animation de la réunion. S'il ne le dévoile pas aux participants, l'animateur a en tout cas besoin de connaître cet objectif latent pour affiner ses questions.

Identifier les personnes concernées

Les participants convoqués doivent tous avoir un intérêt à assister à cette réunion :

- pour y apprendre des choses ;
- parce qu'ils sont concernés par les décisions qui y seront prises ;
- pour communiquer des choses ;
- pour y intervenir de manière constructive ;
- parce qu'ils ont le pouvoir de décision.

Il faut éviter les invitations systématiques qui décentrent l'efficacité de la réunion et, au final, ne font que diminuer l'intérêt des réunions en général. Plus le nombre de participants est important, plus le risque d'échappement est grand. Il est donc préférable de limiter le nombre de participants pour limiter la liste aux personnes concernées.

Cette liste sera divisée en trois groupes : les participants obligatoirement présents, les participants dont la présence est souhaitée et les participants optionnels. Idéalement, tous les participants auront intérêt à assister à la totalité de la réunion. Si ce n'est pas le cas, il faudra organiser l'ordre du jour en conséquence, afin de laisser partir au fur et à mesure les personnes non concernées.

Rédiger une invitation

L'invitation à une réunion comprend :
- Les informations pratiques : la date, le lieu / le lien de connexion ; l'heure de début et la durée de la réunion ; la demande de confirmation (ou non) et la date limite de confirmation.
- Son objectif.
- L'ordre du jour, des documents et le travail de préparation à effectuer par les participants (selon les réunions).

L'essentiel

Checklist à suivre lors de la planification d'une réunion :

- Définir un objectif clair et vérifiable.
- Identifier les participants indispensables et optionnels.
- Préparer un ordre du jour structuré avec des timings précis.
- Choisir le format et l'environnement (présentiel, distanciel, hybride).
- Prévoir des outils ou supports adaptés (matériel visuel, sondages, tableaux collaboratifs).
- Planifier un suivi après la réunion (compte rendu, suivi des actions).

Pour les premières animations, rédigez quelques phrases d'ouverture pour clarifier les objectifs et poser les règles d'échange. Une structure simple, mais rigoureuse, permet de gérer les imprévus tout en restant concentré sur l'objectif.

Chapitre 2

Les facteurs déterminants de l'animation

Trois éléments clés définissent les modalités d'animation : les objectifs de la réunion, la taille du groupe et son niveau de partage.

Savoir classer les objectifs

Afin de mieux cibler le rôle de l'animateur, il est nécessaire de définir au préalable quels sont les différents objectifs types d'une réunion afin d'endosser en conscience la posture d'animation qui y est associée.

Les dimensions d'une réunion

Généralement, on distingue les différentes réunions par leur genre : réunion d'équipe, réunion de service, réunion de projet... Cette distinction, très utile pour les managers, l'est moins pour l'animateur qui lui a besoin d'un objectif plus précis : que fait-on dans cette réunion ?

Une réunion revêt deux dimensions essentielles : l'objectif immédiat et l'objectif final.

- **L'objectif immédiat** s'intéresse au contenu direct de la réunion et s'articule autour d'un axe qui va de la transmission d'informations jusqu'à l'élaboration de solutions.

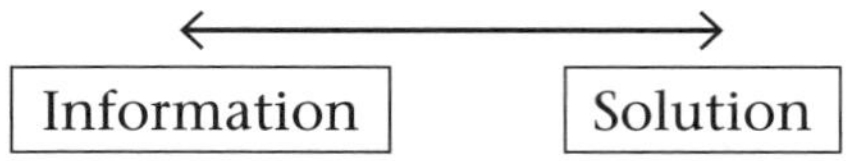

- **L'objectif final** relève des conséquences de la réunion et s'articule autour de l'axe qui part de la mise en place d'actions concrètes vers une situation de réflexion à plus long terme.

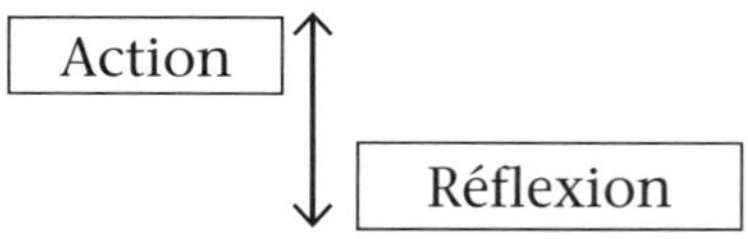

On peut alors distinguer quatre objectifs types de réunion :

- la transmission d'informations ;
- le recueil d'informations ;
- la mise en place de solutions ;
- la coconstruction de fond.

Généralement, une même réunion passe successivement par plusieurs objectifs, que l'on traitera dans ce livre séparément, par souci de clarté.

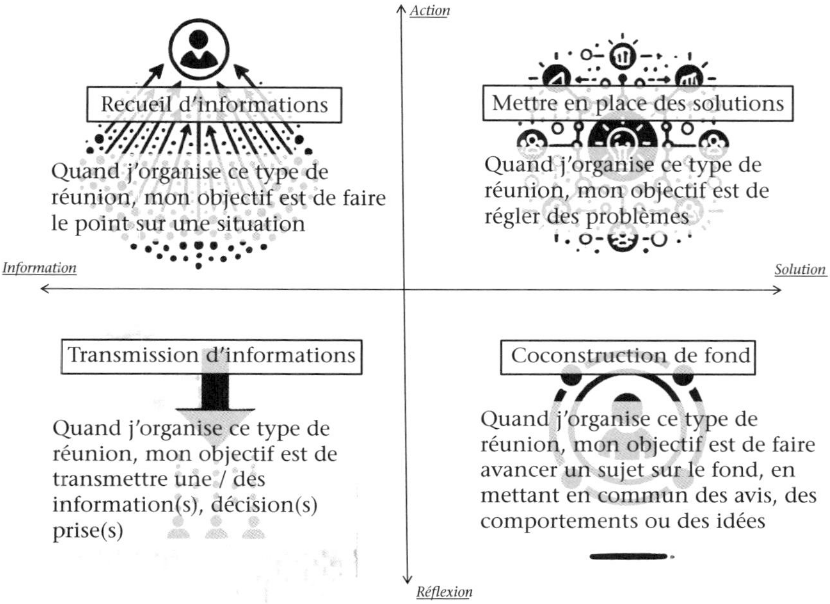

Figure – Les quatre objectifs types de réunion

Certaines réunions sont à la croisée de plusieurs objectifs types : par exemple, les réunions d'équipe ou les réunions de projet. D'autres, comme les séminaires d'entreprise, adoptent des formats regroupant les quatre objectifs, mais adaptent également leur durée. Le rôle et la posture de l'animateur diffèrent selon l'objectif recherché. C'est en ce sens que nous allons traiter cette typologie de réunions.

La transmission d'informations

Ce type de réunion s'effectue généralement sous forme d'interactions descendantes : une (ou plusieurs) personne(s) transmet(tent) de l'information à plusieurs autres personnes. Il n'y a pas de réels échanges, excepté quelques questions/réponses en cours ou en fin d'intervention. Ce type de réunion a généralement pour objectif de communiquer un point de vue ou un message uniforme à tous les participants.

Exemples de réunions de transmission d'informations : briefing, *Keynote*, intervention devant une assemblée, présentation d'une décision de direction, présentation de résultats d'étude, réunion de masse, réunion d'information ou de contre-information, formation…

Le recueil d'informations ou le Field Connect

Les informations proviennent de plusieurs personnes et visent à informer un groupe très restreint de personnes (par exemple, le manager ou un comité de direction). Elles viennent le plus souvent du terrain, ou de personnes en lien avec une réalité objective. Elles visent à informer les personnes en rupture avec cette réalité de par leur fonction ou, au contraire, aident à la prise de recul de personnes trop imprégnées par la problématique.

Exemples de réunions de recueil d'informations : recueil d'informations en vue d'une prise de décision, consultation de points de vue au sein de son équipe, informations sur l'état d'esprit d'un groupe, groupe d'étude qualitative, réunion organisationnelle…

La mise en place de solutions

Cet objectif se caractérise par un échange important entre les participants. Il s'agit ici d'échanger des informations au sein d'une équipe ou d'un projet. Chaque participant peut apporter sa contribution, chacun a son mot à dire. Le groupe est important et se nourrit de sa propre production pour mettre en place des actions concrètes qui répondent à la problématique.

Exemples de réunions de mise en place de solutions : réunion de prise de décision commune, de résolution de problèmes, de créativité, workshop, atelier...

La coconstruction de fond ou la visée long terme

Au même titre qu'une réunion de mise en place de solutions, les réunions de coconstruction de fond se basent sur l'échange entre les participants. C'est une réflexion de fond dont l'objectif final est à plus long terme. Elle vise à améliorer les relations et le travail d'équipe, à mettre en commun ou à confronter des idées pour nourrir une réflexion à plus long terme.

Exemples de réunions de coconstruction de fond : team building, débat, comité d'éthique, réflexions stratégiques, modules d'intelligence collective...

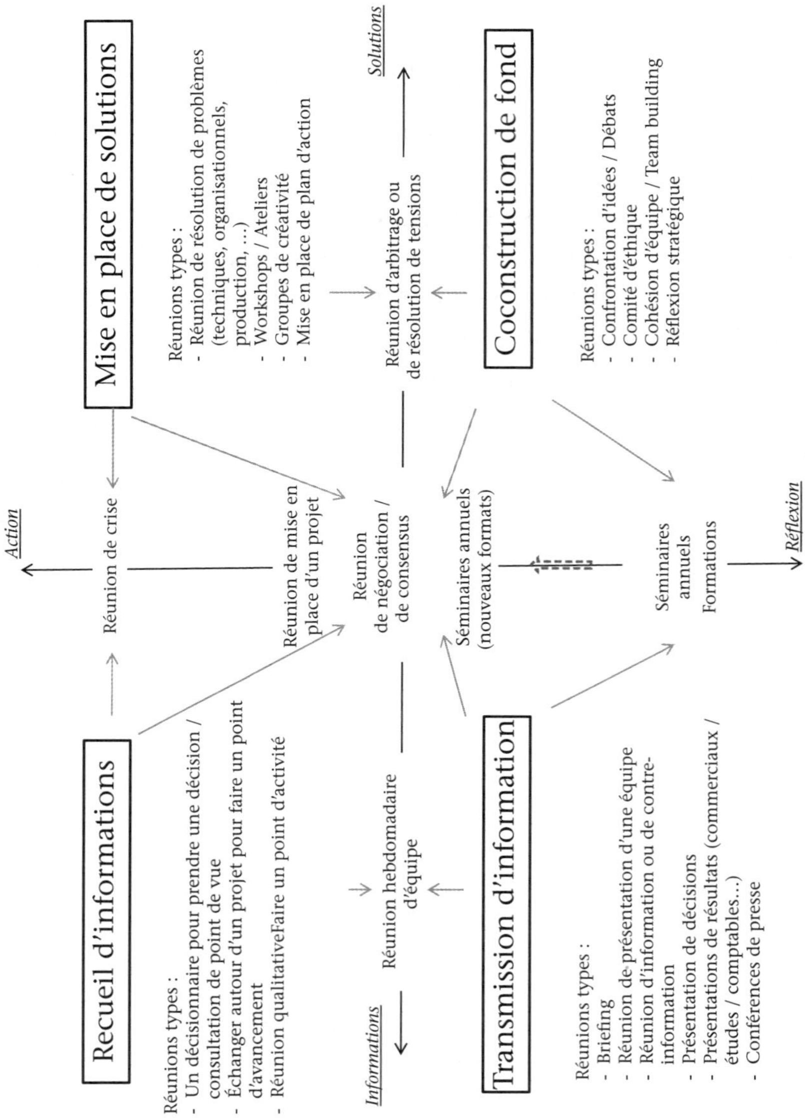

Figure – Les objectifs et les types de réunions

La taille du groupe de réunion

La taille du groupe a une grande influence sur le type d'animation. On n'anime pas un groupe de cent personnes de la même manière qu'un groupe de huit. D'ailleurs, un groupe de cent personnes ne s'anime pas en tant que tel. On peut lui transmettre une information, mais on ne l'animera réellement qu'en sous-groupes. Il existe des tailles de groupes critiques, dont le choix dépend des objectifs de la réunion.

En distanciel, la taille du groupe a également son importance. Plus un groupe est grand, moins il y aura d'interactions. Sur les plateformes vidéo, le nombre de personnes visibles en même temps à l'écran est limité et les interactions beaucoup moins fluides. Aussi, dès dix à douze personnes devant un écran, on peut considérer que c'est un grand groupe.

Les groupes de grand format : plus de trente personnes en présentiel (plus de douze à distance)

On choisira un groupe de grand format uniquement pour des occasions précises, qui concernent la totalité des personnes présentes. Généralement, ce sera pour de la transmission d'informations, excepté si l'on scinde le groupe et que l'on prévoit des activités en sous-groupe à restituer.

Exemples de groupes de grand format : les conférences de presse ou les séminaires d'entreprise. C'est une occasion de présenter une vision, une innovation, une décision de direction, etc., à des journalistes, des experts ou des salariés venant parfois du monde entier.

À savoir

Plus le groupe est grand, moins les interactions centralisées sont nombreuses. Dès lors, l'exercice ne s'appelle plus de l'animation, mais relève plus de la prise de parole en public pour le commanditaire et de maître de cérémonie (MC) pour l'animateur.

L'objectif est ici que tout le monde reçoive la même information au même moment. Ce type de réunion, notamment pour les séminaires d'entreprise, peut être poursuivi par un travail en groupes plus restreints.

Les groupes de format moyen : entre quinze et trente personnes en présentiel (entre huit et douze à distance)

Selon l'objectif de la réunion, les groupes de format moyen peuvent être animés par un ou plusieurs animateurs. Les réunions de transmission d'informations seront sensiblement équivalentes à celle des grands groupes, mais pourront tout de même être plus vivantes dans leur approche. Là aussi, plus le nombre de participants est important, moins les interactions directes sont possibles. En présentiel, le travail en sous-groupes sera plus facile à animer. En distanciel, des applications telles que Mural ou Klaxoon facilitent la dynamique de groupe en proposant des canevas visuels (templates) qui aident l'animateur à garder le cap, et les participants à se repérer. Ces outils permettent également de centraliser les informations sur un même support visuel, partageable.

Les petits groupes : de trois à quinze personnes en présentiel (trois à huit à distance)

Tant en présentiel qu'en distanciel, seuls les petits groupes peuvent être animés à proprement parler, et ce, quel que soit l'objectif de la réunion. Les groupes plus grands sont souvent scindés en sous-groupe de cette taille. Dans ce format, l'animateur a un vrai rôle à jouer.

À savoir

La taille optimale d'un groupe à animer est de six à huit personnes pour les réunions dites d'actions. En deçà, on risque d'être dans une addition d'individualités. Au-delà, on risque de « perdre » certains participants.
Concernant les réunions de coconstruction de fond, la taille peut sensiblement varier : l'animation commence dans les débats dès deux personnes, et peut aller, dans le cas de la cohésion d'équipe de quinze à vingt personnes voire au-delà dans les groupes d'intelligence collective.

L'indice de proximité du groupe

Nous appelons indice de proximité du groupe la mesure du degré de familiarité et de connexion entre les membres de ce groupe. Il évalue le niveau de connaissance mutuelle, d'aisance relationnelle et de confiance au sein de ce groupe. C'est un indicateur d'ajustement de dynamique d'animation.

La capacité d'expression des participants dépend directement du niveau de cet indice, c'est-à-dire du niveau d'interconnaissance, d'identification ou de familiarité dans le groupe. Plus l'indice est élevé, plus les participants se sentiront en sécurité dans leurs échanges et dans la dynamique de groupe.

Questionnaire pour définir l'indice de proximité d'un groupe

1. Les participants connaissent-ils le prénom de la majorité des membres du groupe ?
2. Ont-ils une bonne idée des compétences et du rôle de chaque membre au sein du groupe ?
3. Peuvent-ils se sentir en confiance pour partager des informations importantes avec les autres membres ?
4. Se sentent-ils à l'aise pour entamer des conversations ou poser des questions aux autres membres ?
5. Se sentent-ils en sécurité pour exprimer des idées sans crainte de jugement ou de critiques négatives ?
6. Y a-t-il une stabilité dans les relations entre les membres du groupe ?
7. Est-ce que les membres du groupe se soutiennent mutuellement pour atteindre leurs objectifs communs ?
8. Est-ce que l'expression des opinions et idées sont respectées, même lorsqu'elles diffèrent de celles des autres membres ?
9. Y a-t-il une cohésion au sein du groupe ?
10. Ont-ils des échanges ou des interactions amicales en dehors du cadre professionnel ?

Ce questionnaire aide à déterminer le niveau de proximité et de sécurité au sein du groupe. Plus l'indice (nombre de oui) est élevé, plus l'expression dans le groupe sera aisée et libre. Moins il est élevé, plus l'animateur prendra garde à son séquençage.

Avant de pouvoir partager et échanger, le groupe doit passer par certaines étapes de construction. Si l'on se réfère à la théorie de la satisfaction des besoins d'Abraham Maslow, appliquée aux besoins de la construction du partage d'un groupe, on peut mentionner les étapes suivantes :

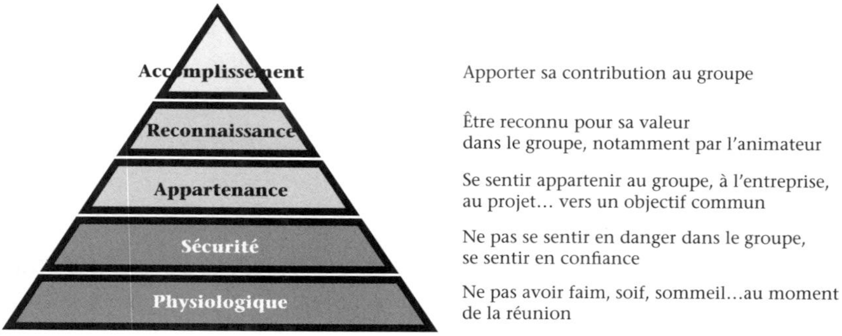

Figure – La pyramide de Maslow appliquée à la participation en réunion

L'animateur / le manager / le chef de projet a un rôle à jouer dans la construction du groupe. Il doit mener le groupe collectivement, mais aussi de manière individuelle pour que tous se sentent bien et soient amenés à participer à la réunion. Ce n'est qu'à partir du moment où les participants se sentent en sécurité et en confiance que la dynamique de groupe se met réellement en place. La notion de dynamique de groupe (Kurt Lewin, 1944) théorise le fait que l'on est beaucoup plus fort ensemble que lorsqu'on agit individuellement.

Si la dynamique de groupe a bien pris, on peut constater que les modes de pensée grandissent et évoluent. La réflexion des participants est beaucoup plus rapide et puissante que lors d'une réflexion individuelle. Enfin, il est à noter que lorsque les quatre premiers paliers de la pyramide sont satisfaits, la motivation et l'envie de trouver des solutions sont décuplées par le travail en groupe.

Faible indice de proximité (ou nul) en début de groupe

On peut parler d'un niveau de partage faible ou nul dans deux cas :

- la majorité des personnes ne se connaissent pas ;

- les personnes présentes se connaissent, mais pas dans la situation de ce type de réunion.

À ce faible niveau de partage, le groupe doit se construire avant de réussir à s'exprimer librement et sans retenue. L'animateur a un rôle important à jouer pour mettre les participants à l'aise et pour faciliter leur expression. Une fois les besoins physiologiques satisfaits, l'animateur doit veiller à sécuriser les participants en leur garantissant, au sein du groupe, une certaine sécurité d'expression.

Cette sécurité passe par l'assurance de la maîtrise du processus, par le temps de parole, mais surtout par le respect du discours de chacun. Le début d'une réunion est extrêmement important. C'est au démarrage que le participant s'intègre dans le groupe et l'attention qui lui est portée le rassure sur ses interventions. Il faut donc consacrer un moment d'inclusion, que l'on jugera incompressible, aux présentations des participants. Ce temps est nécessaire à la prise de position des participants dans le groupe.

Exemples : réunion inter-filiales, formation inter-entreprises, étude qualitative...

Fort indice de proximité

Lorsque les participants se connaissent, voire ont l'habitude de travailler ensemble, les quatre premiers besoins de la pyramide de Maslow sont remplis. Chacun connaît son rôle et sait pourquoi il est là. Les relations interpersonnelles sont souvent déjà établies. Le démarrage est beaucoup plus facile et rapide, car les présentations ne sont plus utiles.

On parle d'un fort indice de proximité lorsqu'un groupe est déjà formé. Les participants se connaissent, ont identifié leur place dans le groupe et savent précisément ce que l'on attend d'eux pour cette réunion.

Le risque ici est d'entrer dans une réunion déjà ritualisée, laissant peu de place à la spontanéité. Les comportements des participants peuvent devenir routiniers. La présence de règles tacites et établies dans le groupe (le fameux « comme d'habitude ») ne facilite pas de sortir des attitudes habituelles. Ce sont des réunions efficaces si elles sont rapides (trente à quarante minutes) mais elles risquent de devenir inutiles si la routine est trop établie. Un temps d'inclusion et de partage, même rapide, peut aider à briser cette routine.

Exemples : réunion d'équipe, de service…

À savoir

En situation de fort indice de proximité, des tensions liées à des ressentiments dans l'équipe peuvent exister et polluer la coopération. Le manager doit y faire face et mettre en place une médiation avec les membres de l'équipe impliqués. Il pourra animer cette médiation s'il s'en sent capable mais plus probablement il le fera animer. Nier ce type de situation ne fait qu'envenimer les relations et le travail au sein de l'équipe.

L'essentiel

- Les réunions peuvent se répartir autour de quatre grands types d'objectifs : la transmission d'informations, le recueil d'informations, la mise en place de solutions et la coconstruction de fond.
- Chacun de ces objectifs demande un type particulier de préparation et d'animation.
- Une réunion peut successivement et distinctement revêtir plusieurs objectifs.
- L'animation d'une réunion dépend également de la taille et du niveau de partage du groupe.
- Plus un groupe est grand, moins il s'anime en tant que tel. La taille optimale pour animer un groupe est de six à huit participants pour des réunions de recueil d'informations ou de mise en place de solutions. La taille maximale du groupe à animer est de dix participants. Au-delà, il vaut mieux prévoir deux animateurs.
- L'indice de proximité peut s'apparenter à une culture commune de la réunion. L'animateur devra prendre du temps pour construire un groupe qui a un faible niveau de partage. Cependant, plus le niveau de partage est important, plus le groupe risque d'entrer dans une routine. Cet effet peut être contrebalancé par une durée de réunion moins importante ou par l'adaptation des modalités d'animation.
- Le risque dans les réunions à fort indice de proximité comme dans une équipe, est que la réunion devienne une contrainte sans trop d'intérêt pour les collaborateurs. Le manager animateur doit toujours veiller à travailler ses objectifs de réunion.

Chapitre 3

Les potentiels rôles de l'animateur

Les rôles souvent attribués à l'animateur en réunion

La plupart des animateurs prennent en charge plusieurs rôles lors d'une réunion.

Si, avec l'expérience, cela est possible de le faire en conscience, ce cumul de rôle est souvent source de difficulté.

Afin de vous donner des repères, nous allons avant tout distinguer les différents rôles qu'un animateur peut tenir.

Le commanditaire : l'expert de la situation et du sujet

Tout d'abord, nous distinguerons le rôle du commanditaire du rôle de l'animateur.

Le commanditaire est celui à qui va servir la réunion : il détient la problématique. Parfois le commanditaire est l'animateur, parfois non… Il y a un travail important à effectuer en amont en tant qu'expert de la situation. Il doit préparer toutes les informations contextuelles et chercher les informations disponibles en interne relatives au sujet. Le but de cette recherche documentaire sera de répondre à la question : « Pourquoi une réunion ? » et permettra de briefer l'animateur (ou lui-même).

Le commanditaire doit être capable d'exposer clairement les informations qui lui manquent et devra pouvoir répondre aux questions. Il doit définir pourquoi ces informations sont nécessaires. Si un animateur consultant ou coach en intelligence collective est intégré assez tôt dans le processus, il pourra guider le commanditaire vers une formulation claire de l'objectif. Enfin, le commanditaire travaillera en étroite collaboration avec l'animateur dans la phase de préparation en amont de la réunion. Il est co-responsable du déroulé de la réunion.

Tableau – Comment savoir si je dois prendre un animateur pour ma réunion ?

	Les +	Les –
Manager ou chef de projet	Un leader nommé. À une bonne connaissance des sujets, des contextes et des enjeux. Maîtrise la culture d'entreprise. Connaît les jeux de pouvoir dans l'entreprise et les relations entre les participants. Connaît son équipe.	Les participants connaissent le manager, qui a une image déjà construite en interne. Peut manquer de neutralité et entrer dans un jeu de pouvoir interne. Peut être trop impliqué sur le sujet. Peut dévier des objectifs. Peut inhiber les participants.

Animateur interne (autre que le commanditaire)	Maîtrise la culture d'entreprise. Connaît les jeux de pouvoir dans l'entreprise et les relations entre les participants. Doit avoir été reconnu pour ses qualités d'animateur ou pour sa maîtrise du processus d'animation. En chefferie de projet a la légitimité pour convoquer les participants nécessaires au projet.	Les participants le connaissent et il a une image en interne. Risque de manquer d'objectivité dans l'animation de la réunion. Son image en interne est liée à ce qui est mis en œuvre à la suite des réunions. Sans pouvoir d'action, l'animateur risque d'avoir des difficultés à mobiliser les participants.
Animateur externe / consultant / coach en intelligence collective	Neutre. Se concentre sur les objectifs à atteindre. Ne connaît pas les participants, n'a pas d'a priori. Sait gérer les problématiques de pouvoir dans les groupes Pas d'intérêt particulier dans l'entreprise. Réussira à faire intervenir tous les participants. Maîtrise les techniques et les processus. Maîtrise une boîte à outils. A l'habitude d'animer et sait faire face à de nombreuses situations. Permet au manager de prendre du recul et de reprendre sa place de décisionnaire.	Ne maîtrise pas la culture d'entreprise. Une connaissance des sujets, des contextes et des enjeux moins pertinente que celle d'un interne. Pas de connaissance des jeux de pouvoir dans l'entreprise, ni des relations entre les participants. Ces inconvénients peuvent souvent être également considérés comme des avantages, permettant justement d'éviter les pièges interactionnels.

À savoir

Mêler un dirigeant à une réunion risque de perturber les participants. En effet, les participants peuvent être impressionnés ou gênés de dire le fond de leur pensée, en raison des conséquences éventuelles sur leur relation avec ce manager. Ils n'oseront pas le contredire ou censureront leur propos devant lui.
Avant d'inviter plusieurs niveaux hiérarchiques au sein d'une même réunion, il faudra donc anticiper la gestion de cette mixité de niveaux et identifier selon les objectifs si cela et pertinent.

Le preneur de notes

Durant la réunion, il est nécessaire de prendre des notes sur ce qui est dit. Elles serviront ultérieurement à la rédaction du compte rendu. Cette prise de notes peut prendre plusieurs formes :

- une prise de notes en direct par l'animateur (non recommandé) ;
- une prise de notes en direct par un participant (rôle à faire tourner) ;
- une prise de notes en direct par un professionnel de la prise de notes ;
- une prise de notes différée, à partir d'un enregistrement de la réunion.

Plus le sujet est complexe à traiter, moins l'animateur peut prendre le rôle de preneur de notes. Il pourra éventuellement l'endosser pour des réunions où chacun parle à son tour, sans trop de confusion. Cependant, plus le nombre d'échanges est important, moins il pourra s'engager sur cette prise de notes.

Idéalement, le preneur de notes sera observateur et non participant à la réunion, le cumul des rôles restant difficile. Il doit consigner ce qui est dit pendant la réunion, de façon manuelle ou électronique, manuscrite ou graphique. Pour se préparer, le preneur de notes se basera sur l'ordre du jour. Pour chaque point abordé, il notera ce qui a été dit pendant les échanges, ainsi que les décisions prises (qui fait quoi, dans quels délais).

Le gardien du temps (time keeper)

Le *time keeper* peut-être désigné en début de réunion. Son rôle est de tenir le temps pendant la réunion, c'est-à-dire surveiller que cela ne dérape pas. Il prévient lorsqu'un sujet dure trop longtemps ou tourne en rond. Il donne des rappels de temps et prévient l'animateur quinze minutes avant la fin de la réunion. Son rôle est évidemment d'éviter que la réunion ne déborde. Il permet d'optimiser son efficacité.

Le rédacteur du compte rendu

Après chaque réunion, il est important de transmettre aux intéressés un compte rendu contenant une synthèse des informations recueillies, ainsi que le plan d'action mis en place et/ou les décisions prises. Le rédacteur de ce compte rendu utilisera la prise de notes de la réunion. Le rédacteur peut être :

- l'animateur, sur la base de ses propres notes, des notes d'une tierce personne ou de l'enregistrement de la réunion ;
- le commanditaire de la réunion, s'il a pris des notes ;
- une tierce personne ayant participé à cette réunion.

Ce rôle peut être tournant dans une équipe afin que chacun se sente impliqué dans la vie du groupe.

Certaines entreprises nomment un scribe qui prend des notes simultanément projetées sur un écran. Ainsi, tout le monde lit et valide le compte rendu pendant qu'il est rédigé, évitant toute inexactitude.

À savoir

Le compte rendu de la réunion contient :
- l'objectif de la réunion ;
- le nom des participants conviés/présents ;
- l'ordre du jour ;
- les points abordés et la synthèse de ce qui s'est dit ;
- les questions encore en suspens avec les actions associées ;
- les décisions prises ;
- le plan d'action mis en place avec qui fait quoi, dans quels délais.

NB : l'intelligence artificielle est de plus en plus utilisée à ces fins. Elle peut prendre des notes, retranscrire des prises de paroles, des enregistrements et en faire des synthèses. Cependant, elle peut aussi avoir une analyse moins fine que l'analyse humaine et passer à côté d'informations importantes.

Les rôles spécifiques de l'animateur

Le rôle d'un animateur ne se limite évidemment pas à l'animation de la réunion. Dans ce chapitre, nous nous intéresserons aux autres rôles qu'il doit tenir pour garantir le processus de réunion.

Au démarrage, l'animateur prend le brief du commanditaire. Il doit recueillir la demande. Il reçoit les informations préalablement recherchées par le commanditaire, et prend note de ses questions.

Il doit clarifier la problématique, c'est-à-dire bien la comprendre et poser les questions nécessaires à sa compréhension. Une fois le brief reçu, l'animateur prépare et se prépare à la réunion en explorant le sujet à traiter. Dans ce rôle, il ne doit pas être un expert du sujet, mais doit avoir un minimum de connaissances sur le thème, afin de ne pas lasser trop vite les participants.

L'animateur peut également jouer un rôle dans le choix des participants, mais le commanditaire reste mieux placé pour cela, notamment parce qu'il est interne à l'entreprise.

À savoir

L'animateur de réunions (hors transmission d'informations) aura trois rôles essentiels à tenir :

- être garant du processus de la réunion, depuis la préparation jusqu'à la remise d'un compte rendu ;
- favoriser la production pendant la réunion par une écoute active ;
- maintenir un climat relationnel propice au travail par la motivation de l'expression des participants.

En amont de la réunion

La préparation : garantir le processus

Le premier rôle réside, bien sûr, dans la préparation de la réunion. Cette étape fait obligatoirement partie de sa mission. Il ne peut pas animer une réunion sans l'avoir préalablement préparée. Il peut arriver, dans certains cas (en réunion de crise, par exemple), qu'il n'ait pas le temps de la préparer. Il s'appuiera alors sur son expérience.

Attention : de nombreux managers animateurs ne préparent plus, à tort, leurs réunions. La récurrence des informations demandées laisse souvent la place à une certaine routine, et peut parfois apparaître comme une perte de temps aux yeux des équipes. Les réunions d'équipes sont parfois davantage destinées à nourrir le manager qu'à nourrir la totalité de l'équipe.

La mise en place des objectifs, choix des intervenants et des participants

La préparation d'une réunion débute par la définition de l'objectif par le commanditaire et la sélection des participants à inviter (vu dans le chapitre précédent). De là découle la mise en place de la réunion. S'il choisit de ne pas animer lui-même, le commanditaire choisit qui va animer la réunion (en interne ou un consultant/coach). Plus l'animateur est choisi tôt, dès la définition des objectifs, mieux la réunion sera préparée. Au-delà de l'animation, si le sujet s'y prête, le commanditaire peut inviter d'autres intervenants. Pour rappel :

- Pour définir un objectif, un animateur doit identifier avec le commanditaire quelles sont les informations à recueillir ou à transmettre. Les questions à se poser sont donc : « Que veut-on savoir, ou dire ? Pourquoi ? »
- Le commanditaire n'invite que les participants qui ont un intérêt à assister à la réunion. Il établit la liste des personnes concernées en essayant de limiter le nombre de participants.
- Enfin, l'animateur ou le commanditaire identifie la modalité de réunion la plus adaptée. Si c'est en présentiel, il réserve une salle appropriée. Si c'est en distanciel, il envoie le lien de connexion dès l'envoi de l'invitation.

La gestion de l'espace physique

En présentiel, l'animateur doit veiller à l'adaptation de la salle au nombre de participants, afin de permettre un meilleur échange. La taille et la disposition de la salle devront correspondre aux objectifs définis de la réunion (voir chapitre 1).

Plus une réunion demande l'implication des participants, plus le cadre doit participer à l'expression des participants.

Jouer avec l'espace de réunion permet de favoriser l'état d'esprit dans lequel l'animateur souhaite mettre les participants. Cependant, attention à ne pas faire de rupture de sens entre l'environnement et le sujet à traiter.

Le temps

Plus un objectif paraît complexe à atteindre, plus la réunion à organiser devra être longue. Pour des sujets à long terme, il faudra même prévoir plusieurs jours ou plusieurs réunions, étalées dans le temps. S'il existe des contraintes temporelles (date précise, durée importante), il vaut mieux anticiper les aspects logistiques et, par exemple, bloquer les agendas ou réserver la salle le plus en amont possible du processus.

De manière générale, les réunions en visio durent de trente minutes à une heure. Au-delà, les réunions à distance sont très rares et la plupart du temps animées par un professionnel.

Une réunion assise peut difficilement durer moins de vingt minutes, et ne devra pas excéder une heure et demie sur le même rythme d'intervention. Ces durées peuvent évidemment varier selon le contenu de la réunion. Des réunions plus longues peuvent être organisées si on aménage de nombreuses pauses. Il est également possible d'avoir des réunions de moins de vingt minutes, mais avec un nombre très restreint de participants (trois au maximum) ou en adoptant de nouvelles modalités de réunion (par exemple le stand up meeting ou la réunion en marchant).

Après avoir défini le temps imparti à cette réunion, l'animateur (ou, plus généralement, le commanditaire) réserve la salle de réunion et envoie une invitation aux participants concernés.

L'ordre du jour

La définition de l'ordre du jour dépend évidemment du but poursuivi et du type de réunion. Il reprend la structure globale de la réunion : c'est la déclinaison de l'objectif en plusieurs thèmes ou sous-objectifs. Il permet également de redonner les horaires et de rappeler le rôle des intervenants.

L'ingénierie du déroulé de la réunion

L'ingénierie du déroulé est le moment qui construira les différents scenarii de la réunion et qui identifiera les étapes à suivre.

Cette préparation détaillée devra reprendre les différents points à adresser, les étapes, le contenu de ce qu'on doit présenter, les questions et les exercices. Elle listera également le matériel nécessaire à la bonne réalisation de la réunion. Il s'agit ici, pour l'animateur, de détailler la réunion telle qu'il la prévoit. Évidemment, cette trame n'est pas fixe, mais elle permet à l'animateur de cibler l'atteinte de son objectif.

Le déroulé reprendra chaque point de l'ordre du jour qu'il détaillera en sous-objectifs, en question, et selon le mode d'animation, en exercices. Pour chaque sous-partie, il identifiera, si besoin, les documents sur lesquels s'appuyer, ainsi que le matériel nécessaire. Enfin, il estimera le temps à octroyer à chacune de ces étapes, lié au niveau d'approfondissement nécessaire.

En pratique

La rédaction du déroulé et l'attribution du temps en face de chaque section permet de calibrer le temps réel nécessaire à l'atteinte de l'objectif. De nombreuses réunions, mal calibrées, paraissent improductives et sont considérées comme une perte de temps. Lors d'une réunion d'information ascendantes de huit personnes, un exercice demandant une réponse en mots clés prendra deux à dix minutes selon le niveau d'approfondissement souhaité. Une question à laquelle les participants répondent par des phrases prendra environ quinze à vingt minutes (environ deux minutes par personne).

Cette préparation détaillée aidera l'animateur à ne pas prévoir d'objectif trop important pour cette réunion et à vérifier s'il a le temps d'aborder tous les points qu'il souhaitait voir à l'ordre du jour. Ensuite, il agencera l'ordre de ses questions, de sa présentation ou de ses exercices en allant toujours du plus global au plus précis, du plus large au plus détaillé, du moins impliquant au plus impliquant.

Enfin, s'il y a plusieurs intervenants, il déterminera qui ouvre la réunion, qui anime chaque partie, qui présente chaque sujet et qui conclut. Il introduira la prise de parole des autres intervenants. Cette étape se concrétisera par la rédaction d'un support destiné à l'animateur : le guide d'animation.

La préparation des documents

Il existe trois types de documents à préparer :

- **Les documents à fournir ou à montrer** aux participants. Ces documents doivent servir l'objectif ou illustrer des points clés de la réunion. En distanciel, ce seront les documents projetés ou les templates préparés pour faciliter le travail à distance.
- **Les documents de soutien à l'animation**, tels que l'ordre du jour ou le guide d'animation qui pourra, selon les préférences de l'animateur, être rédigé ou être repris sous la forme d'un tableau synoptique.
- **Le document de suivi de la réunion**, qui servira à l'établissement du compte rendu. Il reprendra les points clés de l'ordre du jour et sera rempli pendant la réunion par le preneur de notes.

Les responsabilités de l'animateur pendant la réunion

Le démarrage de la réunion

Mettre en place le cadre

Dès le début de la réunion, l'animateur doit mettre en place le cadre en veillant à créer un espace sécurisant et propice à l'échange. Cela passe par les règles de fonctionnement, mais aussi par l'adaptation de son rôle en fonction de l'objectif du groupe.

Il doit encourager la participation de tous, clarifier les objectifs à chaque étape et maintenir un équilibre entre liberté et respect du timing. Son rôle est aussi de dynamiser les échanges, tout en restant attentif aux signaux du groupe pour ajuster le rythme ou relancer l'engagement si nécessaire.

Les règles de fonctionnement

Une réunion peut rapidement être polluée par des comportements individuels et individualistes. Certaines règles sont importantes à évoquer en amont pour anticiper les dérapages. L'animateur doit réfléchir à celles qui sont adaptées à son contexte. Elles serviront à faire respecter le cadre et être rappelées en cours de réunion.

Dans le cas de groupe de travail sur la durée, l'animateur peut choisir de faire coconstruire les règles par le groupe et favoriser l'engagement. Dans le cas de réunion courte, l'animateur peut choisir de les énoncer et les faire valider rapidement par les participants.

Exemples :

- S'écouter.
- Se respecter et apporter des critiques bienveillantes.
- Éviter les apartés / éviter de parler tous en même temps.
- Ranger les téléphones portables.
- Inciter les plus timides à parler et les moins timides à laisser parler les autres.
- Répartir les temps de parole.
- Éviter l'humour cassant et préférer l'auto dérision.
- Respecter la confidentialité des échanges.

- Spécifiquement pour les réunions à distance : utiliser la fonction « lever la main » de l'outil collaboratif afin de demander la parole.

Certaines règles telles que lâcher-prise, différer le jugement ou le jugement constructif peuvent être rajoutées en fonction des sujets traités.

L'inclusion : mettre en place le groupe au début de la réunion

Pour motiver les participants à s'exprimer, l'animateur les aident à prendre leur place dans le groupe.

L'inclusion vise à intégrer chaque personne dans l'espace-temps de la réunion. C'est un temps qui marque le début de la réunion, où chacun s'exprime et valorise sa participation.

Elle peut prendre la forme d'un tour de table de présentation classique quand les participants ne se connaissent pas. L'animateur a la main sur le lancement de sa réunion. Il peut choisir de demander un mot pour avoir des informations plus personnelles : les attentes vis-à-vis de la réunion, leur lien avec l'objectif ou quand les participants se connaissent un peu, l'humeur du jour. Il peut aussi utiliser des outils tels que le photolangage pour aider les participants dans leur prise de parole.

Chaque participant prend ainsi sa place et met en place un climat de confiance qui encourage la participation active de tous. L'inclusion permet de faciliter les échanges en établissant des pratiques où chaque voix peut être entendue, contribuant ainsi à une meilleure écoute. Tout le monde prendra sa place et chaque individu se sentira exister au sein du groupe.

Pour l'animateur, c'est aussi un moment d'observation : il pourra identifier les plus timides, les plus à l'aise et les *leaderships* qui se démarquent.

Le savoir être de l'animateur

Adapter sa posture à l'objectif

Selon l'objectif de la séquence de réunion, l'animateur n'adopte pas la même posture. À chaque instant, il doit savoir se positionner pour identifier le rôle dans lequel il doit être.

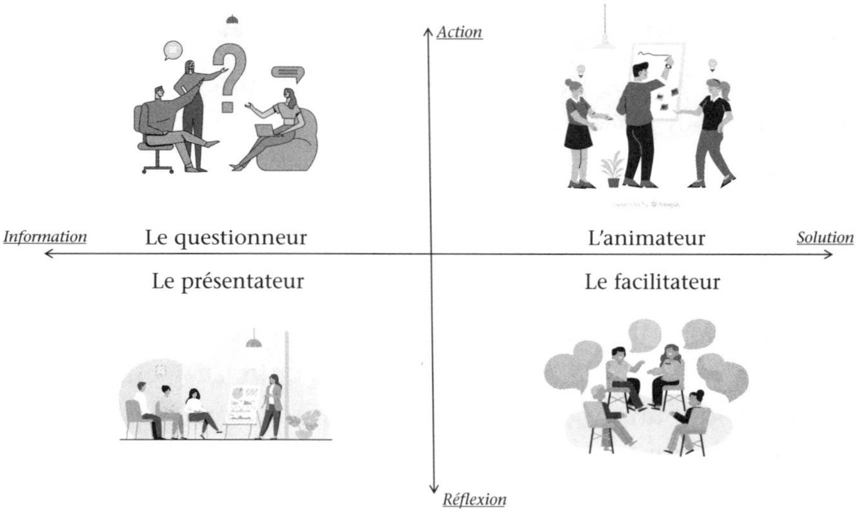

La posture de l'animateur selon le type d'objectif de réunion

Transmission d'informations

La posture de l'animateur de la réunion est celle du présentateur, parfois aussi appelé maître de cérémonie.

Le rôle de l'animateur est de distribuer la parole pour ceux qui ont de l'information à transmettre. Celui qui transmet l'information est la personne qui détient le contenu. Dans cette posture, il n'est pas animateur de réunion mais orateur et son intervention relève de la prise de parole en public ou de la formation.

Recueil d'informations

La posture de l'animateur est celle du questionneur, parfois aussi appelé enquêteur.

Le rôle de l'animateur est d'écouter et de comprendre les informations remontées. L'accent est mis sur le questionnement ouvert et l'accueil des idées en toute neutralité. L'animateur adopte ici une posture d'écoute active et attentive, une attitude non-verbale d'ouverture (hochements de tête, contact visuel). Il pose des questions de clarification et reformule les idées exprimées pour valider la compréhension.

Mise en place de solutions

La posture de l'animateur est celle de l'animateur collaboratif, parfois aussi appelé dynamiseur d'échanges.

L'animateur joue un rôle moteur pour stimuler l'énergie du groupe et l'engagement des participants. Cette posture vise à capter l'attention, encourager l'interaction et maintenir une dynamique participative, comme dans les ateliers collaboratifs ou les séances de brainstorming. L'animateur utilise un ton énergique et un langage corporel expressif pour encourager les contributions individuelles et valoriser les idées partagées.

Coconstruction de fond

Ici, on peut parler de la posture du facilitateur d'expression qui met l'accent sur la facilitation d'un processus collectif. Il ne dirige pas directement les échanges, mais aide le groupe à partager et à atteindre une vision commune et partagée. Pour cela, le facilitateur met en place un cadre inclusif où chacun se sent à l'aise pour participer. Il utilise des outils collaboratifs pour structurer les échanges et mener le groupe dans des ateliers à vision plus long terme.

Travailler sa prise de parole

L'animation d'une réunion demande une certaine agilité de prise de parole en public. Quel que soit le type de réunion, l'animateur doit parler au groupe qui se réunit. Il doit expliquer l'objectif de la réunion, exprimer son déroulement, donner les consignes de réalisation, voire transmettre un contenu. Ses talents d'orateur sont donc mis à l'épreuve, plus particulièrement pour la transmission d'informations.

Mettre en place le cadre relationnel

Insuffler la vie au groupe

L'animateur prend en charge la coordination du groupe. Il est le garant du processus et doit veiller à ce que tous les participants entrent dans ce processus. À ce titre, il donnera les règles du jeu aux participants, insufflera le dynamisme nécessaire à la naissance d'un groupe et motivera les participants à répondre aux objectifs. Il veillera aux enchaînements et questionnera les participants pour les mener vers l'objectif en toute fluidité. Il posera les questions nécessaires au moment opportun, afin d'avancer et de remplir sa problématique. Pour couvrir la totalité de son objectif, il n'hésitera pas à recentrer la discussion, à synthétiser et à poursuivre, voire à presser les participants, afin de rester dans le temps imparti. Il pourra éventuellement s'appuyer sur un maître du temps.

Garantir sa neutralité

Durant l'animation, un rôle essentiel de l'animateur est de garantir sa neutralité à tous les participants. Idéalement, il fait taire son ego et évite de s'impliquer personnellement dans le groupe, afin de favoriser l'expression des différents points de vue. Il ne portera aucun jugement de valeur sans prévenir les participants. Cette neutralité est à l'origine de l'écoute de l'animateur.

Écouter et distribuer la parole

L'animateur doit savoir écouter les participants. Il doit recueillir les paroles de tous, sans négliger personne. Il veillera donc à ce que tout le monde puisse s'exprimer sans que personne ne monopolise la parole. Ce rôle, moins prégnant dans la transmission d'informations, est celui du régulateur.

Comprendre et reformuler

Afin que chacun s'exprime le plus clairement possible, il n'hésitera pas à questionner les participants et à reformuler leur point de vue. Ainsi, il vérifiera sa bonne compréhension de ce qui a été dit.

À l'inverse, il pourra répéter ses propres propos de diverses manières, afin de vérifier que tous les participants ont bien compris ce qu'il a voulu exprimer.

Maîtriser des outils d'animation

Pour animer une réunion, un animateur doit connaître et maîtriser des modes de questionnement ou des exercices à effectuer avec le groupe pour sortir d'une impasse. Exemples : reformulation, questions ouvertes, questions fermées... Nombre de livres sont consacrés à ces outils (voir la bibliographie).

L'animation : maintenir un climat relationnel propice au travail

Favoriser les échanges

L'animateur, en cours de réunion, doit savoir favoriser l'aisance d'expression des participants. Il ira vers les participants et les encouragera à présenter leurs idées tout en sachant convaincre les réticents. Il veillera à ce que les paliers de la pyramide de Maslow (voir chapitre 1) soient remplis afin qu'au fur et à mesure de la réunion les participants prennent la parole sans qu'il n'ait plus (ou peu) à intervenir. Il aura ainsi réellement donné vie à son groupe. C'est son rôle de facilitateur.

Temporiser les échanges

Durant la réunion, l'animateur ne laissera pas déborder les propos, les humeurs ou les comportements des participants. En cas de débordement, il n'hésitera pas à rappeler les participants à l'ordre ou à utiliser l'humour pour désamorcer une situation délicate. Il décèlera en amont les malaises potentiels et mettra tout en œuvre pour les désamorcer. C'est son rôle de modérateur.

Harmoniser le groupe

L'animateur veillera à ce que tous les avis puissent cohabiter sans emportement. Il permettra le maintien du respect et de la bienveillance entre les participants. C'est son rôle de conciliateur. Si la situation semble lui échapper, il s'appuiera sur les exercices qu'il aura pris le soin de sélectionner en amont lors de l'ingénierie du déroulé. Ces exercices/outils lui permettront de changer le protocole d'interactions en place. Selon la situation, il adaptera son animation au niveau de partage nécessaire dans le groupe. Il sentira s'il faut rationaliser les échanges ou au contraire les rendre plus créatifs et proposera une nouvelle modalité pour continuer à favoriser l'avancée vers l'objectif fixé.

Garantir le processus

- Définition des objectifs
- Identification et invitation des participants et intervenants
- Prévision du temps nécessaire
- Choix et réservation de la salle
- Ordre du jour
- Préparation détaillée du déroulé de la réunion
  - Ordonnancement des thèmes et des interventions (si plusieurs intervenants)
  - Questions et exercices
  - Estimation du temps imparti à chaque partie
- Préparation des documents :
  - Documents à remettre ou à montrer aux participants
  - Guide d'animation pour l'animateur
  - Documents de suivi pour l'établissement du compte rendu

Favoriser la production

- Garantie de la neutralité de l'animateur
- Prise de parole claire
- Coordination du groupe
  - Mise en place de règles de fonctionnement
  - Motivation du groupe
- Dynamisme
- Questionnement
- Maîtrise du temps
- Écoute et distribution de parole
- Compréhension et reformulation
- Maîtrise des outils d'animation

Maintenir un climat relationnel propice au travail

- Veiller au bien-être des participants (cf. pyramide de Maslow)
- Favoriser l'aisance d'expression des participants
- Temporiser les échanges en cas de besoin :
  - Éviter les débordements verbaux et comportementaux
  - Désamorcer rapidement quiproquos et malentendus
- Harmoniser le groupe
  - Cohabitation des avis
  - Maintien du respect et de la bienveillance entre les participants

Figure – Répartition des rôles clés de l'animateur

La mise en place de rôles délégués

Animer une réunion demande concentration et énergie. Mettre en œuvre simultanément plusieurs rôles peut s'avérer difficile. Un principe issu de la sociocratie, développée par le Néerlandais Gerard Endenburg dans les années 70, est de déléguer certains aspects de la gestion de la réunion.

Un manager peut choisir de se concentrer sur le seul rôle qu'il ne peut pas déléguer : la prise de décision. Ainsi, il peut demander à d'autres membres de l'équipe de participer au processus de réunion et d'incarner les autres rôles : animation, gardien du temps, prise de notes (scribe).

Dans certains cas, il peut également décider de nommer un incitateur à la prise de décision, une personne qui tient informés les retardataires pour les réunions physiques et un observateur.

- **L'incitateur à la prise de décision** provoque et note les décisions prises par l'équipe et le manager par des interventions du type : « Vous pouvez reformuler ce que l'on vient de dire en décision ? »
- **Celui qui tient informés les retardataires** accueille et fait rattraper leur retard. Cela permet de les réintégrer dans le groupe et dans le déroulé de la réunion.
- **L'observateur** a un rôle d'analyse des interactions et du processus. En fin de réunion, il pourra faire un débrief constructif sur le mode de fonctionnement du groupe en vue de l'amélioration des process de réunion.

D'une réunion à l'autre, les rôles tournent entre les différents membres de l'équipe.

La dissociation des rôles est actuellement rarement mise en place dans les entreprises, mais apporterait pourtant plus d'efficacité en donnant des rôles actifs aux membres de l'équipe et en revalorisant le rôle du manager : savoir déléguer et prendre des décisions.

L'essentiel

L'animateur est le pilier de la réunion. Il prépare, coordonne et crée un cadre propice à des échanges productifs et constructifs. Si le commanditaire définit les objectifs et le contexte, l'animateur garantit leur atteinte grâce à sa neutralité, son agilité et son écoute active.

Déléguer certains rôles comme la prise de notes ou la gestion du temps renforce l'efficacité et permet à l'animateur de se concentrer sur l'essentiel : guider le groupe, maintenir l'engagement et recentrer les échanges en cas de dérive. En combinant maîtrise des outils, gestion des interactions et capacité à harmoniser le groupe, l'animateur transforme une simple réunion en un véritable levier de collaboration et de résultats.

Chapitre 4

Les compétences clés de l'animateur

Animer une réunion demande une combinaison de compétences pratiques et de qualités humaines. Dans ce chapitre, nous explorerons les compétences transversales essentielles aux animateurs, en partant des techniques d'animation les plus concrètes pour aller vers les compétences plus complexes, comme la maîtrise de soi et le travail sur ses qualités personnelles.

L'animation de réunion s'appuie sur trois piliers :

1. **Encourager l'expression des participants** grâce à des techniques d'écoute, de questionnement et de communication.
2. **Poursuivre l'objectif de la réunion** en gardant un fil conducteur et en gérant le temps et les sujets.
3. **S'appuyer sur ses qualités humaines** pour instaurer un climat de confiance et mener le groupe avec authenticité et bienveillance.

Encourager l'expression des participants

La première mission de l'animateur est de susciter une dynamique de participation. L'utilisation des techniques de questionnement, de relance, et de communication, aide à créer un environnement d'échange ouvert et constructif.

Savoir questionner

Le questionnement est l'outil essentiel. Pour mettre en place une dynamique de réunion, il faut avant tout savoir poser des questions et distinguer les questions ouvertes des questions fermées.

La question ouverte

Ces questions, formulées de manière à encourager des réponses détaillées, favorisent le dialogue et invitent les participants vers une réponse plus individuelle et argumentée, donc beaucoup plus nuancée. Elle commence en général par : « Comment… ? » ; « Pourquoi… ? » ; « Expliquez… » ou « Racontez-moi… ».

Exemples de questions ouvertes : « Pourquoi préférez-vous le rouge sur ce produit ? » ; « Pourriez-vous m'expliquer la différence entre le nouveau design et l'ancien ? »

Ce type de question ouvre le dialogue et incite les participants à donner leur point de vue. Les réponses, plus variées, permettent de comprendre les raisons d'une adhésion ou d'un refus.

La question ouverte est difficile à formuler instinctivement. C'est pourquoi l'animateur peut aussi user d'artifices en rattrapant une question fermée et la compléter d'un « pourquoi ? », ou d'un « comment ? ».

Exemple : Animateur : « De quelle couleur aimeriez-vous qu'il soit ? » Réponse : « Rouge. » Animateur : « Pourquoi ? »

La question fermée

Il s'agit d'une question dont la réponse tient en un nombre limité de choix sans explication.

Exemples de questions fermées : « Aimez-vous le nouveau design de notre produit ? » Réponse : oui ou non. « De quelle couleur aimeriez-vous qu'il soit ? » Réponse : rouge.

La question fermée n'entraîne ni dialogue, ni échange. Les réponses sont courtes, précises. Ce type de question doit être utilisé en phase de décision ou de convergence. Il permet de classer, d'établir un ordre entre les propositions, de déterminer des préférences et de quantifier des réponses. La question fermée par excellence est le vote.

La relance

La relance est une question qui reprend les propos venant d'être énoncés et demande un approfondissement de ce qui vient d'être dit. Elle consiste à revenir sur une idée exprimée par un participant pour l'encourager à approfondir son propos.

Par exemple, si un participant dit : « Ça ne sert à rien ce qu'on fait », l'animateur peut lui demander : « Pourquoi ça ne sert à rien ? ». Cette technique vise à approfondir les freins à la participation, puis d'ouvrir (après la réponse) sur les motivations à la participation : « Qu'est-ce qui servirait ? » ou « Que faudrait-il faire pour que ça serve ? »

Dans cet exemple, l'animateur utilise la technique de la relance pour lever des freins et des non-dits en rebondissant sur les propos des participants. La tentative de fermeture de la réunion par le participant se transforme et sert à relativiser les propos.

Dans la plupart des cas, la relance incite à approfondir une idée. Le but visé est de comprendre clairement ce que les participants pensent. Tant que l'animateur n'a pas compris (évidemment, au regard du temps qui lui est imparti), son rôle est de relancer pour s'assurer que tout le monde a compris.

La relance a également une seconde fonction très importante dans la construction du groupe : elle montre aux participants que leur parole a de la valeur. L'animateur s'intéresse à ce qui est dit et le montre en demandant plus de détails.

La question inductive

Il s'agit d'une question, ouverte ou fermée, qui introduit implicitement un biais. Elles sont à éviter dans une réunion, car elles risquent d'orienter les réponses.

L'animateur doit veiller à poser des questions neutres pour ne pas influencer les participants et éviter toute facipulation (la manipulation masquée des participants). L'expression d'un groupe est un reflet des messages envoyés par l'animateur. S'il vaut mieux poser des questions ouvertes pour que les participants s'impliquent dans leurs réponses, l'animateur doit aussi veiller à éviter d'induire un axe de réponse dans la question.

Exemples de questions inductives que l'animateur peut poser : « Dans quelle mesure la situation est-elle catastrophique ? » En admettant que la situation n'est pas catastrophique, il est difficile de ne pas aller dans ce sens. Préférer plutôt : « Quelle est la situation ? »

La question inductive est orientée et risque de manipuler la réalité pour s'adapter à une réponse attendue. L'animateur qui veut impérativement faire passer ses idées usera aisément de ce type de tournure. Cependant, il perdra la spontanéité et la réalité objective des réponses.

Comprendre et se faire comprendre

Pour bien communiquer en tant qu'animateur, il est crucial de maîtriser la communication verbale et non verbale, qui transmettent non seulement le message, mais aussi le ton et l'intention de l'échange.

La communication verbale

Le niveau de langage

La communication verbale tient compte des mots, mais aussi du ton et du vocabulaire utilisés.

Lors d'une animation de réunion, il est préférable de formuler les consignes (ou questions) de façon à ce que tous les participants comprennent tout en s'adaptant au niveau de langage et au vocabulaire des participants, mais en évitant le jargon d'entreprise. Tous les participants doivent pouvoir comprendre ce qui est dit. Les mots qui peuvent porter à confusion devront être explicités.

Vocabulaire et intention

L'animateur doit sans cesse articuler son discours entre le « je » et le « nous ».

- L'utilisation du « je » l'aidera à exprimer sa position de leader du groupe comme garant du processus de réunion.
- Le « nous » sera utilisé pour mener le groupe à un objectif commun. Il véhiculera l'idée d'une construction commune, la production n'étant plus que la voix de l'entité groupale unie. « Nous » sert à renforcer la cohésion du groupe.

Le ton de la voix, l'expression tonale

Au-delà du contenu de ses prises de paroles, l'animateur module le ton et la hauteur de sa voix et l'adapte à ce qui se passe dans le groupe et sur le sujet de la réunion. On n'aborde pas un sujet grave sur un ton enjoué. À l'inverse, pour des réunions qui demandent l'enthousiasme des participants, il vaut mieux éviter les tons tristes et graves.

Tableau – Les effets du ton utilisé par l'animateur sur le groupe

INTERVENTION DE L'ANIMATEUR	EFFET SUR LE GROUPE
Une intervention ferme et directive, parler fort en articulant.	Permet de reprendre le contrôle du groupe ou de donner des consignes.
Parler doucement (faible volume) en souriant.	Incite le groupe à écouter et à se calmer.
Parler calmement (faible débit).	Propose au groupe de se poser.
Se taire ou acquiescer doucement par « mmh, mmh ».	Laisse le groupe continuer sur sa lancée.
Faire une pause, un silence après une phrase.	Appuie le discours.
Articuler, ponctuer et parler distinctement.	Affirme une position.
Parler calmement et doucement.	Rassure le groupe.

Le ton de la voix exprime l'intention de celui qui parle. Si le ton d'un participant insinue une situation peu claire, l'animateur se doit de faire expliciter sa parole. Il posera des questions comme : « J'ai l'impression que ça ne vous convient pas ? » ou « Je sens une pointe d'ironie, n'est-ce pas ? » Pour ce type d'intervention, l'animateur doit parler à la première personne du singulier. Ainsi, il n'engage que lui sur l'incompréhension provoquée par le ton du participant.

La communication non verbale de l'animateur

La communication non verbale, qui considère les mimiques du visage et la gestuelle corporelle fait partie de ses modes de communication et doit être claire.

Le regard

Le regard est un point de contact important entre un animateur et les participants. C'est un outil essentiel dans l'animation d'une réunion. Avec son regard, l'animateur pourra en partie gérer son groupe sans froisser les personnes qui parlent. Il permettra la connexion des participants au groupe.

Le regard constitue un bâton de parole efficace, notamment pour les personnes qui résistent à la participation. Un regard insistant favorisera la prise de parole. *A contrario*, un regard détourné pendant une prise de parole signifiera une demande de mise en retrait.

Attention : ne pas regarder des participants qui s'excluent du groupe reviendrait à encourager leur comportement de retrait et à entretenir leur revendication.

L'expression corporelle

L'expression corporelle est un langage puissant dans le groupe : les gestes appuient le discours d'un animateur et lui permettent de maîtriser le déroulé de sa réunion. Par exemple, une main tendue vers une personne qui n'arrive pas à prendre la parole l'aidera à parler ; une position assise, penchée vers l'avant va signifier l'écoute ; le passage de la position assise à la position debout permet une reprise de contrôle, annonce une rupture de rythme ou encore un changement d'exercice.

Savoir écouter

Ce que l'on vient de voir plus haut en termes de communication pour l'animateur, vaut également en termes d'écoute des messages émis par les participants. Cependant, d'autres éléments viennent compléter cette observation pour parfaire l'écoute.

Le contact permanent avec le groupe

L'animateur doit être en contact constant avec le groupe. Le regard et l'écoute sont ses alliés. Il partage ce moment avec les participants : il doit avoir l'esprit libéré et concentré sur ce qui se passe à l'instant T. Il s'intéresse réellement à ce qui est dit.

L'écoute active

Écouter activement, c'est d'abord écouter en toute neutralité, en silence et respectueusement, jusqu'à la fin et sans juger, tout en manifestant de l'attention et de l'intérêt. Afin de garantir cette écoute et d'être sûr de comprendre ce qui est dit, l'animateur devra clarifier, reformuler et poser des questions.

Il est très important de prendre le temps nécessaire pour écouter des personnes qui ont des difficultés à s'exprimer. Tous les participants, sans exclusion, doivent se sentir appartenir au groupe par l'écoute et les questions de l'animateur. Mais attention aux interventions trop longues ! Leur répétition risque de briser la dynamique de groupe : l'animateur doit donc être vigilant au temps de parole de chacun.

La capacité d'écoute en groupe naît évidemment d'une aptitude à se concentrer sur ce qui est dit en toute neutralité. L'esprit de l'animateur ne doit pas vagabonder et doit toujours rester en connexion avec la parole du groupe. La capacité d'écoute est le résultat d'une maîtrise de plusieurs éléments : la neutralité le respect de la parole de celui qui parle, le contact permanent, le ressenti du fonctionnement du groupe et l'écoute du non-verbal.

La neutralité

La neutralité est l'une des compétences les plus difficiles à acquérir. En écoutant une personne, ne vous est-il jamais arrivé de lui couper la parole parce que vous saviez déjà ce qu'il allait dire et d'apporter une réponse avant même qu'il ne termine sa phrase ?

N'avez-vous jamais argumenté pour essayer de convaincre un interlocuteur sans essayer de comprendre son point de vue ? N'avez-vous jamais rapporté à vous la conversation alors que vous étiez en train d'écouter un autre ?

Tous ces « réflexes » d'argumentation, de conseil, de discussion sont le fruit de notre pensée qui va souvent plus vite que les mots que nous entendons et d'une certaine impatience à contribuer à la conversation. Cependant, en faisant cela, nous n'écoutons pas réellement ce qui est dit. Nous continuons à élaborer notre propre pensée en argumentant sur ce qui est dit. Encore une fois, nous ancrons nos propres pensées, nos propres croyances et nos propres biais. Travailler sa neutralité, c'est essayer de ne pas penser avant d'avoir écouté ce que la personne a réellement à dire, sans être dans sa propre tête en train d'élaborer sa propre pensée.

Travailler sa neutralité, c'est aussi apprendre à différer et à faire différer un jugement afin de laisser la place aux idées nouvelles. L'animateur incitera les participants à entendre les avis des autres, ainsi qu'à différer leur jugement pour laisser la place à l'expression sans la censurer. Rien n'est plus briseur d'expression qu'un jugement hâtif de ce qui est dit.

Le respect de la parole de celui qui parle

L'animateur ne doit jamais porter de jugement de valeur, ni dénigrer, même involontairement, la parole des participants. Tout ce qui est dit est important.

L'animateur peut laisser parler les émotions des participants, mais doit aussi veiller à ne pas se laisser submerger : c'est pourquoi il doit savoir recadrer le groupe en cas de débordement. Chaque participant a le droit à la parole. Cette parole doit être respectée par tous.

Ressentir le fonctionnement du groupe

L'animateur doit savoir caler ses interventions sur le fonctionnement du groupe. Plus la dynamique mise en place fonctionne, moins il aura à intervenir. Il doit donc ressentir s'il faut intervenir ou s'il peut se mettre momentanément en retrait. Il est un outil au service du groupe, utilisé pour répondre à l'objectif.

Les jeunes animateurs ont parfois tendance à combler les vides par leurs propres paroles. En faisant cela, ils ne laissent pas la place aux participants de s'exprimer. Un animateur ne doit pas sans cesse intervenir. Certains s'entendent même pour dire que le meilleur compliment que l'on puisse faire à un animateur est : « Mais vous n'avez servi à rien ! »

Écouter le non verbal des participants

Un animateur doit regarder et observer les participants. Son rôle n'est pas d'interpréter les signes des participants, mais de les faire expliciter. Les signaux négatifs les plus fréquents sont :

- un froncement de sourcils ;
- un haussement d'épaules ;
- un geste de recul ;
- une mise à l'écart du « cercle » groupal : par exemple, par un recul de la chaise ;
- un sourire dans un moment qui ne s'y prête pas nécessairement ;
- un bâillement ;
- des bras croisés en étant adossé, etc.

À la vue de ce type de communication non verbale, l'animateur posera des questions au participant, le relancera ou reformulera ce qu'il a compris, afin d'éviter toute mauvaise interprétation.

Ainsi il pourra mieux définir ce que signifient ses gestes, expliciter les non-dits et désamorcer des sujets. Sans intervention de l'animateur, le participant risque de perturber le groupe ou plus largement le processus dans lequel il s'inscrit, car ses gestes parlent pour lui.

Poursuivre l'objectif de la réunion

Le démarrage de la réunion

Pour encourager l'expression de chacun, il est essentiel que les participants trouvent leur place au sein du groupe. Dès l'ouverture de la réunion, l'animateur prend soin de clarifier les objectifs, le déroulement et les règles d'échange. Un accueil chaleureux, associé à un tour d'inclusion, permet d'instaurer une ambiance conviviale et de valoriser chaque présence. L'animateur présente ensuite l'ordre du jour de manière concise, en expliquant le timing et en invitant chacun à respecter les rôles et le temps de parole. Ce cadre clair pose les bases d'une atmosphère de confiance et de concentration, maximisant ainsi l'efficacité de la réunion.

Pour ceux qui débutent dans l'animation, préparer les premières phrases peut être utile pour démarrer sereinement et instaurer le ton souhaité : par exemple, un sourire pour une ambiance détendue, ou un ton plus formel pour un cadre institutionnel.

L'attention portée aux participants dès le tour d'inclusion ou le premier tour de table permet de faire exister chacun d'eux dans le groupe. Ce lien favorise les échanges tout en équilibrant la dynamique de groupe. L'animateur observe l'ensemble et saura soutenir les plus réservés et modérer les personnalités dominantes.

Il exprimera l'ordre du jour avec clarté et fixera le cadre de fonctionnement.

Suivre l'ordre du jour

Pour suivre efficacement le déroulé d'une réunion, l'animateur doit équilibrer structure et flexibilité. Il commence par rappeler les objectifs et le plan général pour que chacun sache à quoi s'attendre. Tout au long de la réunion, il veille à ce que les échanges restent alignés sur l'ordre du jour, intervenant discrètement pour recentrer les discussions si nécessaire, tout en laissant de l'espace aux idées nouvelles. En s'appuyant sur des repères temporels et en annonçant le temps alloué à chaque point, il assure le respect des transitions entre les étapes. Enfin, il encourage une participation active en incitant chacun à contribuer, tout en gérant les prises de parole pour éviter les dérives. Une réunion bien guidée permet aux participants de ressentir une progression claire et d'atteindre les objectifs fixés.

Toute réunion demande une attention particulière à l'ordre du jour. L'animateur doit :

- lancer les sujets qui doivent être abordés ;
- connaître l'état d'avancement du déroulé ;
- être sûr d'avoir bien compris ce que disent les participants ;
- être sûr que tout le monde a bien compris ce qui était dit et expliciter les non-dits ;
- suivre le *timing*.

Faire avancer la réunion

En amont de la réunion, l'animateur a préparé le déroulé de sa réunion en fonction de son objectif. Il identifie les points clés à aborder et définit un ordre du jour. Pendant la réunion, son rôle est de faire suivre cet ordre du jour, tout en veillant aux signaux des participants et s'adaptant à ce qu'il se passe. Pour cela, il s'appuie sur ce qu'on appelle communément son troisième œil, c'est-à-dire sa capacité à prendre du recul sur ce qu'il se passe pendant qu'il fait avancer le groupe.

Les aides pour ne pas perdre le fil

Le troisième œil de l'animateur

L'animateur garde toujours en tête le chemin à parcourir pour atteindre les objectifs et ajuste la dynamique selon les besoins du groupe. Il surveille sans cesse l'avancée de l'ordre du jour. Pour cela, il utilise le « troisième œil de l'animateur », une stratégie d'évaluation continue de l'avancée du travail et de la cohérence des échanges.

Le premier œil de l'animateur se concentre sur les questions à poser à l'instant T. Le deuxième œil se focalise sur le groupe et son bien-être physiologique et social. Le troisième prend de la hauteur en tenant compte de l'ensemble des éléments de l'animation : *timing*, matériel et avancée vers l'objectif.

La gestion simultanée de ces différentes dimensions représente une réelle gymnastique cérébrale : l'animateur écoute activement, tout en organisant et priorisant les actions pour guider le groupe avec clarté et efficacité vers son objectif.

Le guide de réunion

Un guide de réunion est un document de référence conçu pour structurer et optimiser le déroulement d'une réunion. Il détaille les étapes essentielles pour planifier, conduire et conclure efficacement, tout en maintenant un climat collaboratif.

À chaque instant de la réunion, l'animateur doit savoir ce qu'il a déjà couvert et ce qu'il lui reste à aborder pour atteindre l'objectif final. En écoutant activement les participants, il doit anticiper les prochaines questions sans céder aux redites ni perdre le fil. S'il a préparé des questions en amont, celles-ci servent de repères plutôt que de script strict ; l'animateur ne doit pas adopter une approche scolaire en suivant ses notes mot à mot.

Les questions écrites sont des balises, mais l'animateur reste attentif à la dynamique du groupe et se laisse guider par les échanges, tant que ceux-ci avancent vers l'objectif. Si un sujet est abordé plus tôt ou plus tard que prévu, il s'adapte avec souplesse et ajuste son animation en conséquence, ce qui lui permet de maintenir un climat d'échange naturel et productif. Cette flexibilité, alliée à une bonne maîtrise de l'objectif, donne à la réunion fluidité et pertinence, tout en valorisant les contributions spontanées des participants.

Recadrer le hors-sujet

Dans le cadre d'une réunion, il est courant que des sujets connexes émergent, ce qui peut facilement entraîner des dérapages vers des thèmes secondaires. Pour éviter que la réunion ne s'égare, l'animateur doit veiller en permanence à prévenir ces glissements et à garder une certaine distance pour analyser l'orientation des échanges. Dès qu'il sent que le groupe s'éloigne de l'objectif principal, il peut intervenir en demandant un retour à l'objectif ou en posant des questions pour relier ce qui est dit à la finalité de la réunion.

Le recadrage sert à maintenir la réunion sur la voie des objectifs. Lorsqu'une discussion dévie ou que des digressions dispersent l'énergie du groupe, l'animateur intervient avec tact pour recentrer les échanges tout en respectant les contributions de chacun.

Exemple : nombre de réunions sont des réunions d'action, et non de coconstruction (voir chapitre 2). Par exemple, pendant une réunion d'action – dont l'objectif final est de mettre en place des actions concrètes –, l'animateur doit éviter les glissements vers des discussions sur le fond d'une politique du groupe : il doit recadrer la réunion. Voici un exemple :

« Malheureusement, aujourd'hui, on ne peut pas changer cette politique. Je prends note de votre réaction, mais je ne pourrai rien y faire aujourd'hui. Essayons tout de même d'avancer de manière constructive. Donc, aujourd'hui (en insistant sur le mot), dans le cadre actuel, que peut-on faire ? Comment pourrions-nous avancer ? »

Maintenir une dynamique constructive

Veiller au bien-être des participants... et au sien !

Pour maintenir une dynamique de groupe efficace, l'animateur doit d'abord veiller au bien-être des participants mais aussi prendre soin de lui-même. Il est important de créer un environnement confortable et de ménager l'état de fatigue de chacun. Pour de longues réunions, il mettra à disposition des boissons et s'arrêtera pour des pauses environ toutes les deux heures.

L'animateur doit aussi s'assurer de gérer sa propre énergie, en adoptant une posture bienveillante et en s'accordant des moments de respiration mentale pour rester concentré et disponible pour le groupe.

Maîtriser et proposer une palette d'exercices

Pour stimuler l'implication et l'engagement des participants, l'animateur doit avoir à sa disposition une palette d'exercices variés, adaptés aux objectifs et au contexte de la réunion.

Ces exercices, comme les brise-glace, les techniques de brainstorming ou les activités de synthèse, sont autant de leviers pour enrichir les échanges et favoriser la créativité. En les choisissant, l'animateur permet aux participants de sortir des échanges classiques, d'explorer de nouvelles perspectives, et de renforcer leur esprit de collaboration.

Afin d'éviter tout effet de lassitude, l'animateur sera attentif au climat instauré dans le groupe ainsi qu'aux rythmes de pensées de chacun : les introvertis préfèreront commencer par des exercices écrits en individuel alors que les extravertis seront plus à l'aise dans les exercices oraux.

L'étude du rythme est la clé d'une réunion réellement efficace, où tout le monde peut s'exprimer selon sa préférence de communication. En fonction des objectifs poursuivis, privilégiez l'alternance des rythmes des exercices (lents, rapides, individuels, collectifs...) en changeant environ toutes les trente minutes. Une alternance bien contrôlée permet aux participants de rester connectés, sans se lasser de la réunion.

La déclusion

La déclusion est une étape finale, importante pour clore la réunion. Elle permet de prendre un temps pour faire le point sur les avancées réalisées, de résumer les décisions prises, et d'attribuer les actions futures, tout en donnant à chacun l'opportunité de s'exprimer sur son ressenti.

Ce moment de clôture est essentiel pour ancrer les résultats et marquer la transition vers l'action. L'animateur peut également encourager les participants à partager leur feedback sur la réunion, favorisant ainsi une amélioration continue des futures rencontres. Enfin, la déclusion contribue à renforcer la cohésion du groupe en terminant sur une note positive, consolidant ainsi les liens établis et les engagements pris.

Les compétences humaines à développer pour animer

La maîtrise de soi

La maîtrise de soi est indispensable pour écouter activement les participants et maintenir un climat constructif. L'animateur doit savoir maîtriser ses propos et ses émotions et s'appuyer sur plusieurs qualités essentielles :

- La confiance en soi : l'animateur doit développer une confiance suffisante pour s'exprimer devant un groupe. Cela passe par une maîtrise de son apparence : il portera des vêtements dans lesquels il se sent bien, appropriés à la situation. Il développera une assurance dans ses capacités pour la tâche qui lui est confiée.
- La connaissance de soi : l'animateur doit se connaître afin de savoir utiliser ses atouts et ses faiblesses au service de l'animation. Cette connaissance permet à tout animateur de mieux définir son mode d'animation préférentiel et d'utiliser sa personnalité pour travailler son impact.
- Le contrôle de soi : il devra savoir se maîtriser pour réagir aux situations délicates qui peuvent se présenter et maintenir une atmosphère positive.
- La capacité d'improvisation et d'anticipation : la flexibilité est clé pour un animateur. Il doit anticiper les imprévus et, dans la mesure du possible, y être préparé sans négliger la spontanéité. L'animateur essaiera d'anticiper plusieurs scenarii possibles pour se rassurer ou anticiper un certain nombre de situations tout en restant centré sur les objectifs.

La curiosité et l'ouverture

La curiosité permet à l'animateur d'accueillir chaque réunion comme une occasion de découvrir de nouvelles perspectives et de mieux comprendre les besoins et les idées des participants. Elle l'aide à poser des questions stimulantes, à explorer les opinions de chacun et à valoriser les contributions, même inattendues, qui peuvent donner une nouvelle direction constructive aux échanges.

L'ouverture, quant à elle, favorise une attitude sans jugement, où chaque point de vue est respecté et considéré. Cela implique d'être réceptif aux différences de pensée et de culture, et d'encourager les participants à exprimer leurs idées librement, renforçant ainsi la confiance et l'engagement collectif. En combinant curiosité et ouverture, l'animateur devient un facilitateur qui sait capter les nuances des échanges et guider le groupe vers des solutions innovantes et inclusives.

Dynamisme et énergie positive de l'animateur

Le dynamisme et l'énergie positive de l'animateur sont essentiels pour instaurer une ambiance engageante et favoriser la production du groupe. En communiquant son énergie, l'animateur stimule les participants, créant un cercle vertueux : l'énergie positive du groupe en retour vient le dynamiser. Ce transfert d'énergie influence directement la productivité collective et contribue à maintenir une dynamique de travail soutenue.

Pour transmettre efficacement cette énergie, l'animateur peut s'appuyer sur un vocabulaire simple, des verbes d'action et des formulations positives, créant un discours clair et motivant. Il est également important d'alterner les rythmes d'animation : un groupe ne peut maintenir sa concentration pendant des heures d'interactions dynamiques sans moments de pause ou de ralentissement. En modulant l'intensité des échanges, l'animateur permet au groupe de souffler et de mieux assimiler les informations, tout en préservant l'enthousiasme collectif. Ce dosage subtil entre énergie et pauses réfléchies permet d'entretenir l'engagement et de garantir une participation optimale jusqu'à la fin de la réunion.

Authenticité et expression personnelle

Trouver son style d'animation

L'animateur insuffle la vie à la réunion : il doit réussir à favoriser une expression libre et donner envie en « donnant la vie » au groupe. Toutes les méthodes sont bonnes pour être à l'aise dans son animation et trouver son style en fonction de sa propre personnalité.

Par exemple, pour se mettre à l'aise et mettre à l'aise les participants, les deux questions essentielles à poser sont : « Comment est-ce que je reçois les gens chez moi et comment est-ce que je mets à l'aise mes invités ? »

Selon sa personnalité, l'animateur peut donc :

- Se mettre dans la peau d'un hôte qui reçoit chez lui, en s'appuyant sur ses qualités de convivialité et d'accueil.
- Opérer une certaine séduction sur les participants en mettant en exergue son charme professionnel et en montrant qu'il s'intéresse à eux au moment de l'accueil.
- Utiliser l'humour pour détendre les premiers instants.
- Tout mettre en œuvre pour vendre ses questions en s'appuyant sur le caractère commercial de l'animation.

De là, l'animateur pourra tirer son style pour favoriser la participation.

La gestion de l'espace

La gestion de l'espace est un levier essentiel pour créer une dynamique favorable et engager les participants lors d'une réunion. En fonction de l'objectif et du type d'interactions souhaitées, l'animateur peut agencer l'espace pour favoriser l'échange, la concentration ou l'innovation.

L'animateur doit également savoir occuper l'espace, en se déplaçant pour capter l'attention et maintenir un contact visuel avec l'ensemble du groupe, sans jamais s'imposer de manière rigide. Une bonne gestion de l'espace permet de créer une atmosphère propice aux échanges, d'adapter le rythme de la réunion et d'offrir aux participants un environnement stimulant qui favorise l'engagement et l'efficacité.

- Un animateur très actif, qui bouge beaucoup dans la salle, provoque un rythme de discussion agité.
- Un animateur debout face à un groupe assis se présente en dominant. Cette posture est très utile aux animateurs qui manquent de confiance en eux, notamment sur la phase de démarrage. Elle peut aussi être utilisée pour gérer des personnalités difficiles.
- La position assise ferme le cercle du groupe et inspire davantage de proximité entre l'animateur et le groupe.

Pour aller plus loin

L'animateur professionnel détient un certain nombre de qualités qui l'ont poussé à faire ce métier. On en répertorie ici quelques-unes.

- Une mémoire auditive et une capacité de synthèse importantes. Elles lui permettent de reprendre les mots des participants, de faire allusion à ce qui a été dit et de centrer son intervention sur l'essentiel.
- La curiosité en général, et en particulier pour le genre humain, que ce soit via l'anthropologie, la sociologie, la psychologie ou une autre science humaine.

- Une intelligence émotionnelle et sociale développée (plus généralement appelée capacité d'empathie) : il sait prendre en compte les émotions et comprendre le non-dit. Il est à l'écoute des ressentis des participants et a développé une forte sensibilité humaine.
- L'ouverture sur le monde : s'informer, lire les journaux ou même tout simplement aimer discuter.
- La générosité, la capacité à transmettre son énergie ou son savoir.
- La volonté de réussir ce qui est entrepris.
- Une perpétuelle remise en question : l'animateur fait preuve d'humilité. C'est un individu pour qui rien n'est jamais acquis. Il veut toujours apprendre et s'intéresse à de nombreuses disciplines. Il aime trouver des liens entre divers domaines et sujets, et cherche toujours à évoluer dans sa pratique.
- Réussir à être à l'aise simultanément sur différents plans tels que le rationnel, le corporel, mais aussi l'imaginaire. Il saura croiser différents niveaux de réalité.

Au final, l'animateur professionnel est un individu qui n'est ni lisse, ni scolaire. Il est traversé par différents domaines de compétences et cherche toujours à être multidisciplinaire. Il est difficile de le mettre dans une case, puisqu'on lui demande de savoir s'adapter à chaque entreprise et à chaque type de situation.

L'essentiel

- L'animation de réunions demande avant tout une confiance en soi suffisante pour s'imposer en douceur auprès des participants. L'animateur doit se connaître et avoir développé une certaine maîtrise de soi.
- L'animateur de réunion est multitâche et doit mener simultanément plusieurs missions : mener le groupe vers l'objectif, écouter tout en tenant compte des éventuels non-dits et favoriser l'expression du groupe en insufflant l'énergie au groupe et donner confiance aux participants pour qu'ils s'expriment.
- Pour cela, il s'appuiera d'abord sur lui-même, mais aussi sur ses gestes, sa voix et la gestion de l'espace.

Partie 2

Les réunions présentielles

Chapitre 5

Enjeux et spécificités des réunions en présentiel

Les réunions en présentiel conservent une importance cruciale grâce à leur capacité unique à favoriser des interactions directes et à stimuler une énergie collective. Elles offrent une richesse d'interactions, une énergie collective et des opportunités uniques de collaboration qui ne peuvent être pleinement reproduites en ligne. Cependant, elles nécessitent une préparation rigoureuse et une animation adaptée pour exploiter tout leur potentiel.

Les enjeux des réunions en présentiel

Les réunions en présentiel permettent de tirer parti de la richesse des interactions humaines et de l'énergie collective, tout en favorisant des dynamiques spécifiques.

La richesse des interactions humaines

Dans un contexte marqué par une généralisation des réunions à distance, les sessions en présentiel offrent une opportunité précieuse pour recréer des interactions humaines authentiques. Après des mois de distanciel, la richesse des échanges directs, la possibilité de détecter des signaux non verbaux et l'énergie collective unique font du présentiel un format indispensable pour certains objectifs stratégiques ou relationnels.

La communication non verbale (expressions faciales, postures, gestes) joue un rôle crucial en présentiel. Ces signaux renforcent :

- **La cohésion d'équipe** : créer des liens plus forts entre les participants.
- **La résolution de conflits** : gérer des discussions complexes ou sensibles avec davantage de nuances.

L'énergie collective

L'énergie partagée dans une salle dynamise les échanges et favorise la créativité. Cela se traduit par :

- **Des brainstormings efficaces** : encourager les idées spontanées et collaboratives.
- **Une mobilisation pour les décisions stratégiques** : renforcer l'engagement des participants autour des choix collectifs.

Les moments informels

Les interactions avant, pendant ou après une réunion en présentiel offrent des opportunités uniques pour :

- **Renforcer les relations interpersonnelles** : des discussions spontanées qui créent un climat de confiance.

- **Favoriser l'innovation** : les échanges informels sont souvent à l'origine d'idées nouvelles ou de solutions inattendues.

Créer une atmosphère accueillante dès l'arrivée des participants est essentiel pour maximiser l'impact d'une réunion en présentiel. Un accueil chaleureux permet de détendre l'atmosphère et favorise une meilleure implication dès le début. Des activités brise-glace ou un moment d'inclusion peuvent aider à renforcer les liens et à stimuler l'énergie du groupe, créant ainsi un climat de confiance propice à des échanges constructifs.

Les situations nécessitant une réunion en présentiel

Certaines circonstances rendent le présentiel essentiel pour garantir la qualité des échanges et des décisions :

- **Les débats stratégiques ou sensibles** : les réorganisations, décisions impactantes ou discussions délicates bénéficient de la richesse de la communication directe et des signaux non verbaux.
- **Les activités de cohésion** : pour renforcer les liens d'équipe, intégrer de nouveaux membres ou célébrer des succès, la proximité physique est irremplaçable.
- **Les résolutions de conflits** : en cas de tensions, un contact direct permet de désamorcer les malentendus et de trouver des solutions dans un cadre plus apaisé.
- **Les ateliers créatifs ou collaboratifs** : la spontanéité des échanges, associée au travail sur des supports physiques (templates), stimule la production d'idées.
- **Les lancements de projets** : rassembler physiquement les parties prenantes montre un engagement fort et garantit un alignement optimal des visions et objectifs.

Ces situations démontrent que le présentiel reste une solution incontournable pour certaines réunions stratégiques ou relationnelles.

Les spécificités des réunions en présentiel

Les aspects logistiques

La réussite d'une réunion en présentiel dépend en grande partie d'une organisation efficace :

- **Choix du lieu** : une salle adaptée aux objectifs, favorisant les échanges (table ronde ou espaces modulables).
- **Durée optimisée** : prévoyez des pauses régulières pour maintenir l'attention et l'énergie des participants.
- **Matériel disponible** : assurez-vous d'avoir les outils nécessaires (paperboard, vidéoprojecteur, marqueurs).

Les réunions en présentiel, bien que riches en opportunités, impliquent des coûts significatifs en termes de logistique, de temps et parfois de déplacement. Pour optimiser, il est impératif de :

- cibler avec soin les objectifs qui nécessitent le présentiel (cohésion, décisions stratégiques) ;
- choisir des participants ayant un rôle clé dans les échanges ;
- assurer un suivi rigoureux des actions post-réunion pour que les résultats soient tangibles.

Une préparation minutieuse et un déroulé optimisé garantissent un retour sur investissement optimal pour ce format.

La dynamique d'animation

En présentiel, l'animateur doit s'appuyer sur des techniques engageantes :

- **encourager les interactions** : favorisez les tours de table, les ateliers collaboratifs ou les discussions ouvertes ;
- **gérer les personnalités** : équilibrez les échanges entre les participants dominants et ceux plus réservés ;
- **exploiter les interactions spontanées** : ces moments imprévus enrichissent souvent les discussions.

La gestion du temps et de l'énergie

Pour maintenir une dynamique positive :

- **éviter les réunions trop longues** : des sessions prolongées peuvent engendrer fatigue et désengagement ;
- **introduire des activités stimulantes** : jeux de rôle, brainstormings ou mises en situation pour maintenir l'intérêt.

Dans les réunions longues, des pauses structurées ne sont pas seulement une occasion de se reposer, mais aussi un levier pour enrichir les échanges. Ces moments informels permettent des discussions spontanées qui, souvent, débouchent sur des idées novatrices ou des solutions inattendues. L'animateur peut encourager ces interactions en instaurant des espaces dédiés (cafés, zones de brainstorming informelles) pour stimuler la créativité hors du cadre formel.

Les défis des réunions en présentiel

Malgré leurs nombreux avantages, les réunions en présentiel présentent également des contraintes.

Les contraintes logistiques

- **Disponibilité des participants** : trouver un créneau commun et un lieu accessible peut être complexe.
- **Coûts supplémentaires** : déplacements, réservations et location de salles, et autres frais logistiques.

Les risques de digressions

La spontanéité des échanges peut mener à des discussions hors sujet. L'animateur doit rester vigilant pour garder le cap sur les objectifs.

Les réunions en présentiel, bien que riches en interactions, présentent un défi majeur : équilibrer la spontanéité des échanges avec la nécessité de rester centré sur les objectifs. La dynamique naturelle d'un groupe peut rapidement dévier ou s'enliser. Pour prévenir ces situations, l'animateur doit :

- canaliser les discussions pour éviter les digressions ;
- utiliser des outils visuels ou des exercices dynamiques pour recentrer l'attention ;
- gérer les personnalités dominantes tout en encourageant les participants plus réservés.

Ce travail subtil garantit que la richesse des échanges reste productive et orientée vers les résultats.

L'épuisement des participants

Une réunion mal animée ou trop dense peut provoquer une fatigue collective, réduisant la productivité.

L'essentiel

Les réunions en présentiel restent un format incontournable pour des échanges stratégiques, relationnels ou créatifs. Pour en tirer le meilleur parti :

- Choisissez judicieusement le format : priorisez le présentiel pour les ateliers collaboratifs, les discussions sensibles ou les activités de cohésion.
- Soignez la préparation logistique : lieu, matériel et durée doivent être optimisés pour favoriser un climat propice à l'échange.
- Adoptez une animation participative : dynamisez les échanges avec des activités interactives et une gestion attentive des personnalités.
- Surveillez l'énergie du groupe : alternez discussions et activités, tout en intégrant des pauses pour maintenir l'attention.

En répondant aux enjeux spécifiques du présentiel, ces réunions peuvent devenir des leviers puissants pour renforcer la collaboration et atteindre des résultats concrets.

Chapitre 6

Préparer et dynamiser les réunions en présentiel

Le cadre

La préparation du cadre est une étape stratégique pour garantir le succès d'une réunion. En présentiel, chaque élément, de la salle à l'ambiance en passant par les supports visuels, contribue à créer un environnement propice à l'échange, à la créativité et à la prise de décision. L'animateur doit concevoir un espace qui reflète les objectifs de la réunion et qui favorise la collaboration.

Choisir la salle et aménager l'espace

Le choix de la salle est une décision capitale : elle doit répondre à des critères pratiques et symboliques. Elle incarne l'importance donnée à la réunion. Une salle spacieuse et lumineuse favorise un climat positif et professionnel, tandis qu'un lieu exigu ou mal éclairé risque d'introduire de la fatigue et de l'irritation avant même que la réunion ne commence.

Adapter la configuration à l'objectif

La disposition des participants joue un rôle clé dans la dynamique des échanges. Un cercle ou un U encourage l'égalité et les discussions interactives. Une configuration en îlots est idéale pour des ateliers où le travail en sous-groupes est central. Pour des présentations formelles, un aménagement en style amphithéâtre dirige naturellement l'attention vers l'intervenant principal.

Anticiper les flux et la mobilité

L'espace doit permettre une circulation fluide. Par exemple, si des déplacements sont prévus pour des exercices collaboratifs ou pour utiliser des supports visuels, ils doivent être pensés en amont. Le cheminement des participants vers les points d'interaction, comme un tableau blanc, des paperboards ou des zones d'affichage, doit être intuitif et dégagé.

Créer un environnement confortable et stimulant

Le confort influence directement l'attention et la participation. En présentiel, les sensations physiques – chaleur, lumière, mobilier – deviennent des facteurs déterminants. Une salle bien ventilée, équipée de sièges confortables et d'un éclairage ajustable, offre une base idéale.

Améliorer la stimulation visuelle et émotionnelle

Les couleurs de la salle, les affiches ou les objets décoratifs en lien avec l'objectif de la réunion peuvent avoir un impact psychologique positif. Une salle décorée de manière subtile mais engageante, avec des éléments rappelant le thème ou les valeurs de l'organisation, crée un cadre immersif.

Préparer et organiser les supports physiques

Les supports physiques sont essentiels pour structurer la réunion et conserver un fil conducteur visible pour tous. Un tableau blanc ou un paperboard bien positionné devient une ressource centrale pour capturer les idées, tandis que les Post-its favorisent une participation active et tactile.

Planifier des zones d'affichage

Créez des espaces distincts pour les étapes clés de la réunion. Par exemple :

- une zone pour noter les idées pendant les brainstormings ;
- un espace pour organiser les priorités en les classant visuellement ;
- une section pour résumer les décisions prises à la fin de la réunion.

L'animateur doit également prévoir du matériel en réserve : feutres de couleur, feuilles supplémentaires ou outils spécifiques selon les activités prévues.

Dynamiser et adapter la réunion

En présentiel, l'animateur a l'avantage de pouvoir observer en temps réel les réactions des participants et d'adapter le déroulé pour maintenir leur énergie et leur engagement. Cela passe par une exploitation stratégique de l'espace et par des ajustements constants basés sur l'écoute active et l'observation.

Exploiter l'espace pour favoriser les échanges

L'espace physique n'est pas seulement un cadre, mais un outil actif pour animer la réunion. Inviter les participants à se déplacer – pour coller des Post-its, écrire sur un tableau blanc ou rejoindre des stations thématiques – stimule leur engagement.

Créer des zones interactives

Ces zones peuvent être organisées autour de thématiques ou d'activités spécifiques. Par exemple, dans un atelier, chaque coin de la salle peut représenter un défi ou un sujet particulier, et les participants circulent pour y apporter leurs contributions. Ces mouvements favorisent l'interaction et cassent la monotonie d'une réunion statique.

Observer et réagir aux signaux du groupe

Le langage corporel des participants est une source précieuse d'informations. Une posture affaissée, des regards détournés ou des chuchotements indiquent souvent une baisse d'attention. L'animateur doit alors introduire des variations dans le rythme ou le format de la réunion.

Changer le rythme avec des pauses stratégiques

Si une fatigue générale se fait sentir, proposez une pause structurée, comme un moment de réflexion individuelle ou une activité brève en binômes. Cela relance l'attention sans perdre de vue les objectifs.

Intégrer des energizers

Les energizers (court exercice collectif, physique ou ludique, qui vise à mettre en place le type d'énergie souhaité dans un groupe) sont particulièrement efficaces en présentiel, car ils exploitent la proximité physique et l'énergie collective. Ils peuvent être des exercices simples et rapides, comme un étirement collectif ou un jeu qui relie l'objectif de la réunion à une activité ludique. Ces moments ne doivent pas interrompre la dynamique mais plutôt l'enrichir, en apportant une respiration bienvenue dans les moments intenses.

Adapter son animation au type d'objectif

Les réunions rationalisées sont davantage portées sur l'analyse rationnel, le processus et le contenu. Les réunions de validation, techniques et/ou formelles, utiliseront le mode d'animation rationnel.

Les réunions impliquantes sont centrées sur la richesse humaine, l'exploration, la construction du lien et de la cohésion. Les réunions d'approfondissement, de recherche de solutions différentes, d'exploration des possibles ou de cohésion utiliseront plutôt animées en mode impliquant.

Encourager les interactions et renforcer la cohésion

Les réunions en présentiel permettent des interactions spontanées et des échanges riches qui renforcent la dynamique de groupe. L'animateur doit s'appuyer sur ces atouts pour instaurer un climat de confiance et encourager une participation authentique et constructive.

Créer un climat de confiance

Un démarrage inclusif est essentiel pour établir un cadre où chacun se sent à l'aise de contribuer. Un tour de table en début de réunion, avec une question simple mais engageante (par exemple : « Quelle est votre attente principale pour cette session ? »), donne à tous une voix dès le départ.

Favoriser l'égalité dans les échanges

Une disposition en cercle ou en U renforce la visibilité mutuelle, éliminant les zones « mortes » où certains participants pourraient se sentir ignorés ou exclus.

Stimuler les interactions spontanées

Les réunions en présentiel permettent des réactions directes et des échanges informels qui enrichissent les discussions. Utilisez des techniques comme le brainstorming collectif ou les questions ouvertes pour inciter les participants à s'exprimer librement.

Encourager la diversité des contributions

Assurez-vous que chaque participant a l'occasion de parler, en relançant ceux qui n'interviennent pas spontanément. Une phrase simple comme : « Marie, qu'en pensez-vous ? » peut suffire à débloquer une intervention précieuse.

Maintenir la cohésion du groupe

Des tensions ou des désengagements peuvent apparaître, mais l'animateur a l'avantage de pouvoir y réagir immédiatement. Proposer une activité collective, comme une synthèse en petits groupes ou une régulation des ressentis, permet de recentrer le groupe sur ses objectifs communs.

Conclure et synthétiser les résultats

La conclusion d'une réunion est le moment de transformer les idées et échanges en actions concrètes. L'animateur doit s'assurer que chacun repart avec une vision claire des résultats et des prochaines étapes.

Synthétiser les idées avec les supports visuels

Les supports utilisés durant la réunion, deviennent des outils de synthèse. En les regroupant en catégories ou en priorités, l'animateur permet une visualisation claire des décisions.

Conserver une trace des résultats

Photographiez les tableaux ou reportez les idées sur un document partagé pour assurer un suivi efficace.

Clôturer efficacement

Une conclusion réussie résume les décisions et définit les étapes à venir. Un dernier tour de table peut permettre à chaque participant de partager une idée ou un engagement, renforçant leur implication dans la suite du projet.

L'essentiel

- Soignez le choix et l'aménagement de la salle : privilégiez un espace confortable et bien équipé, avec une disposition adaptée aux objectifs (disposition en U, îlots, amphithéâtre).
- Créez un environnement stimulant : ajoutez des éléments visuels engageants et prévoyez des zones interactives pour les activités collaboratives.
- Exploitez l'espace pour dynamiser : favorisez les déplacements, observez le groupe et ajustez le rythme ou les activités pour maintenir l'engagement.
- Adaptez le mode d'animation pour maintenir l'engagement : restez attentifs aux besoins du groupe. Intégrez des exercices vivants pour le remobiliser le groupe et adaptez votre animation aux objectifs de la réunion.

Un cadre bien préparé et exploité stratégiquement est la clé de réunions en présentiel efficaces et mobilisatrices.

En présentiel, votre attention au groupe permettra en temps réel de vous adapter aux besoins pour servir l'objectif et à l'énergie du groupe.

Chapitre 7

Les réunions de transmission d'informations

Définition des objectifs

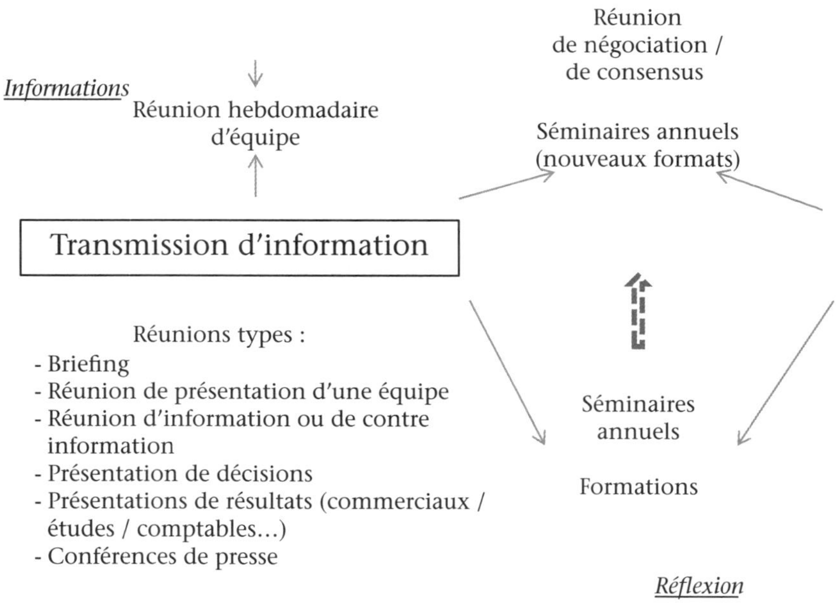

Figure – La réunion d'informations descendantes

La réunion d'informations descendantes a pour objectif principal de transmettre des informations claires à plusieurs personnes simultanément, permettant ainsi que chacun dispose de la même information, transmise d'une seule voix et sans déformation des propos. Deux rôles sont souvent à l'œuvre dans ce type de réunion : l'expert et l'animateur.

L'expert est celui qui détient et délivre le contenu :

- il informe, convainc et fait adhérer les participants ;
- il prépare les supports pour transmettre des informations claires et concises, compréhensibles de tous.

L'animateur est celui qui :

- explique le contexte de l'intervention ;
- favorise les échanges avec l'auditoire, autant que possible.

Le mode d'intervention adopté par l'expert relève de la prise de parole en public. Il influence le message : un style conférencier renvoie au sérieux, tandis qu'un style prêcheur incite à la conviction par la maîtrise de son sujet de sa gestuelle.

L'animateur de la réunion aide l'expert dans sa préparation et sera un soutien pour toutes les transitions.

Pour aller plus loin

Le *keynote speech*

On ne peut parler d'information descendante sans parler de prise de parole en public. Rappelons que dans chaque intervention, la forme prend toujours le pas sur le fond. Le *keynote* est un modèle de présentation impliquant, où les informations et le(s) locuteur(s) sont mis en scène avec simplicité et impact. Le discours est marquant et simple.

Durant le *keynote*, l'orateur adopte une gestuelle d'ouverture avec un débit posé. Il se déplace selon une mise en scène précise. Il parle avec enthousiasme et assurance et n'hésite pas à faire appel aux émotions du public. La préparation et la répétition sont les maîtres mots.

> Le *keynote* s'appuie sur des slides simples et épurés, des visuels interpellant, une mise en scène de produits et démonstrations. Le(s) support(s) projeté(s) allie(nt) délicatesse et précision, tel un écrin, pour servir le propos du locuteur.

Préparer sa prise de parole

Identifier ce qu'on a à dire

Dans un premier temps, l'animateur note en vrac tout ce qu'il a envie de dire, sans chercher à structurer. Il formule un maximum d'idées, même si ça lui paraît peu important ou incohérent. Il sera toujours temps de faire le tri après. Il refait ce travail pour chacun des thèmes qu'il a prévu d'aborder. Il peut s'aider de schémas, dessins, croquis ou toute autre représentation visuelle, qui l'aideront à exprimer sa pensée.

Il fait attention à ne pas trop multiplier les thèmes. S'il n'a pas le choix, il doit prévoir dans son déroulé des temps de pause.

S'adresser à son auditoire

Chaque réunion s'adresse à des participants invités. Lors de chacune, l'animateur et celui qui délivre le message doivent savoir qui est invité et pour quelles raisons. Une fois ces réponses apportées, l'expert du contenu se représentera son auditoire et travaillera pour eux. Pour s'adapter à la diversité des personnes présentes, il répondra à tous les besoins argumentatifs type des participants :

- pour ceux qui ont besoin de concret : donner des faits précis, des chiffres, des actions concrètes ;
- pour ceux qui ont besoin de raisonner : donner le cheminement de sa pensée (cause/conséquence) ;

- pour ceux qui sont axés sur l'humain : donner des informations sur les personnes impliquées, les valeurs sur lesquelles l'animateur fonde son raisonnement ;
- pour ceux qui ont besoin de conceptualiser : donner sa vision à long terme et les différentes possibilités envisagées.

N.B. : les personnes présentes ne réfléchissent pas toutes de la même façon. Veillez à intégrer des éléments correspondants aux différents modes de pensée dans votre discours.

Organiser l'information

Trouver l'ordre

Une fois que l'animateur a tout noté, il entame les étapes de convergence. Il regroupe les informations qui vont ensemble. Il essaie de les organiser en cherchant les concordances entre chacune de ces idées : il en fait des familles, des groupes d'informations.

Il ordonne ensuite ces groupes en suivant la règle suivante : partir du plus global pour aller vers les points de détail.

Si les informations à présenter sont toutes de mêmes niveaux, il commence et termine par les thèmes avec lesquels il est le plus à l'aise.

S'il s'agit d'expliquer la mise en place d'une action, il commence par exposer le problème et les enjeux liés, puis présente les solutions et le plan d'action.

Dans tous les cas, il établit un plan qui lui semble cohérent, avec lequel il se sent en accord. Ainsi, il pourra s'y retrouver plus facilement pendant la présentation. Il commencera son intervention en donnant du sens et conclura par le message clé. Il terminera par une séquence de questions/réponses.

Donner du sens

Afin que les messages soient entendus, il est important de donner du sens. Pour cela, il faut recontextualiser le message que l'on veut transmettre. Expliquer par des éléments factuels pourquoi nous en sommes là. Cela permet de poser les éléments qui amènent la problématique et qui vise le pour quoi on se réunit, on entame une phase de changement, on sollicite les gens…

Identifier le message clé

Une fois ces informations notées, l'animateur sait ce qu'il a à dire. C'est le moment de synthétiser, en notant les mots clés de la présentation. Quels sont les trois points les plus importants ?

Puis, en une phrase, l'animateur définit l'essentiel de ce qu'il a à dire. Pour s'aider, il peut en parler à quelqu'un : « Je dois faire une intervention sur… » ; « Le message principal est… ». Cet exercice lui sera utile pour conclure son intervention.

Adapter au temps

Une fois tous ces éléments posés, l'intervenant/expert/animateur peut estimer le temps nécessaire. Si cela dure plus d'une heure trente, il est préférable de réadapter son intervention. Dans le cas où cela n'est pas possible, pour ne pas perdre son auditoire, il faudra prévoir des temps de pause ou casser le rythme de l'intervention, par exemple, en alternant avec d'autres formes d'objectifs.

L'attention d'un auditoire est excellente pendant vingt minutes, bonne jusqu'à quarante minutes ; au-delà, il faut veiller à modifier le rythme de la présentation.

Préparer les supports

Le support pour l'orateur

Pour soutenir sa prise de parole, l'orateur doit se préparer. En fonction de son expérience, il préparera un support avec plus ou moins d'informations. L'objectif est d'avoir un support qui donne les informations clés.

Dans certains cas (discours), le support peut être totalement rédigé mais sa lecture doit être fluide. Donner vie à un texte totalement rédigé est un exercice difficile, propre aux politiques ou aux acteurs.

Dans les autres cas, il est préférable que ce support prenne la forme d'un plan détaillé avec chaque thème abordé et les arguments à développer que l'animateur apprendra pour sa prise de parole. L'orateur ne doit pas se plonger dans ses notes lors de sa prise de parole. Il doit regarder son public.

Le support final ne sera pas rédigé. Il sera une sorte d'antisèche qui reprendra l'essentiel, de manière très lisible : l'introduction, les points principaux de l'exposé et la conclusion. Il pourra éventuellement intégrer les points difficiles à ne pas oublier.

En pratique

- N'écrire ses notes que sur le recto des feuilles.
- Aérer son support.
- Utiliser des couleurs et des schémas facilement repérables.
- Faire un *mind map*.
- Pour les parties rédigées, mettre les mots clés en gras ou les souligner pour les repérer facilement.

Cas particulier : la politique

En politique, les orateurs suivent des codes très particuliers. Ce n'est pas la forme qui est mise à l'honneur, mais le fond, même si la forme donne toute l'importance au discours. Le politique a un discours écrit qu'il lit à la lettre. Son travail d'orateur est surtout un travail de posture et de ton de voix. Il doit mettre la bonne intonation, marquer des temps de pause aux moments clés, insister avec emphase sur quelques éléments en veillant à regarder le public et ne pas avoir le visage dans ses feuilles.

Le support pour les participants

Un support visuel fixe l'attention, mais il ne doit pas être trop rédigé pour ne pas détourner les participants de l'écoute. Les visuels comme les schémas, images et graphiques sont des atouts pour renforcer la compréhension et la mémorisation.

> **En pratique**
>
> - Éviter les supports trop rédigés.
> - Les photos, images, dessins, schémas et graphiques sont plus facilement compris et mémorisés.
> - Ne pas hésiter à illustrer son propos ! Les exemples sont très importants pour captiver un public.
> - L'interpellation et l'intervention des participants permettent de connecter le public à la prise de parole.

L'ordre du jour pour l'animateur

Une fois le contenu déterminé, l'animateur prépare un ordre du jour détaillant les thèmes abordés. Il définira également s'il prévoit ou non de faire intervenir les participants, de poser des questions au public et notera les moments où il a prévu de le faire.

Ainsi, sa présentation sera plus vivante. S'il y a plusieurs intervenants, l'animateur met en place un ordre d'intervention : qui doit intervenir, à quel moment, avec quel message. L'animateur sera leur bâton de parole.

Avant la réunion, il positionnera l'ordre de prise de parole avec les intervenants. Pendant la réunion, il introduira chaque intervention.

Le temps de parole alloué aux intervenants invités devra être cadré et défini avant la réunion. Ainsi, les intervenants seront sécurisés et la réunion pourra suivre son cours. L'animateur aura aussi le rôle de gardien du temps.

Le déroulé de la réunion

L'accueil

Pour des réunions comptant jusqu'à une quinzaine de personnes, l'animateur crée un moment de décompression et initie un tour de table.

Au-delà de quinze à vingt participants, le tour de table devient trop fastidieux. L'animateur peut demander un mot ou opter pour un jeu de présentation rapide, en demandant à certains groupes de se lever selon un critère donné. Il peut également préférer une question introductive pour interpeller l'assistance.

Lorsque le public est plus large, un accueil personnalisé devient difficile, et l'animateur peut arriver après l'installation des participants, comme cela se fait lors de conférences officielles.

En pratique

Pour introduire son exposé, l'animateur peut interpeller ses interlocuteurs. Un démarrage réussi mettra les participants dans un état d'esprit positif d'écoute. Une introduction vivante peut prendre diverses formes :

- une démonstration d'implication personnelle (une anecdote personnelle, un témoignage) ;

- une intervention en direction des participants (une question, demander aux participants de se projeter dans une situation) ;
- une conceptualisation de l'intervention (une citation) ;
- une introduction réelle du déroulé (une information choc, un résumé).

La prise de parole

Lorsqu'on n'a pas l'habitude de prendre la parole en public, on est principalement freiné par son élocution. Nous attirerons ici l'attention de l'orateur sur quelques principes essentiels :

- parler assez fort : un orateur doit se faire entendre et parler de façon à ce que tout l'auditoire puisse écouter ;
- articuler et ne pas parler trop vite, sinon l'auditoire décrochera ;
- repérer et éviter ses tics verbaux : tout le monde a des tics verbaux (« euh », « en fait », « donc », etc.). Il faut s'écouter parler à ses amis et essayer de les repérer pour les corriger ;
- respirer et utiliser le silence pour donner du poids à ses mots ;
- varier la tonalité et le volume de sa voix pour accrocher et captiver son public.

Les étapes clés

1. Remise des supports écrits aux participants ou connexion au support numérique.
2. Accueil des participants, remerciements pour leur présence.
3. Introduction : présentation de l'orateur, présentation de la réunion (objectif, ordre du jour, durée et règles de fonctionnement), contextualisation...
4. Cœur de la réunion : déroulé du contenu.
5. Questions/réponses : une réunion d'informations descendantes doit obligatoirement comporter une séquence de

questions/réponses pour valider la compréhension des participants, lever les doutes restant et entendre les objections.

> **En pratique**
>
> Lors de cette séquence, l'expert peut se sentir agressé. Pourtant, cela ne doit pas être le cas. Les interventions ne sont que l'expression d'un besoin d'explications complémentaires. Pour les sujets délicats, il est préférable d'avoir un animateur distinct de l'expert. Cela permet de pondérer les questions, de les reformuler éventuellement en laissant une petite respiration à « l'expert » pour préparer une réponse.
>
> – Si l'animateur ne comprend pas une question, il ne doit pas hésiter à la faire reformuler.
> – Si l'expert n'a pas la réponse à une question, il peut tout à fait le dire. Dans ce cas, il peut également demander à l'assistance si quelqu'un est capable de répondre.
> – Si un participant exprime une objection qui le décontenance, pour laquelle il n'a pas de réponse, il est possible de clore le sujet en acceptant des divergences de point de vue : « C'est votre façon de penser, c'est votre droit. »

6. Conclusion :
   – Annoncer la conclusion par un mot (en conclusion, en résumé, pour terminer…).
   – Reprendre les points importants et les effets sur l'avenir.
   – Ne pas hésiter à glisser une pointe d'humour, si le sujet s'y prête.
   – Remercier les participants.

Après la réunion

Chaque réunion se termine avec un compte rendu qui reprend les informations présentées, les explications données et parfois les arguments face aux objections.

Pour aller plus loin

Les mauvaises nouvelles sont difficiles à annoncer. Mais plus l'animateur est honnête sur leur présentation, mieux elles sont acceptées. Il doit être clair sur les faits et aller droit au but.

Il doit expliquer la mauvaise nouvelle en la mettant en regard de ce qu'il attendait, ainsi que de ses conséquences. Il est important que les participants comprennent comment on en arrive là et pourquoi.

Il développe ensuite les leçons à en tirer, les points positifs et les points négatifs, ainsi que :

- les conséquences de cette nouvelle pour l'entreprise ;
- les conséquences pour l'auditoire présent ;
- les actions mises en place, les priorités à tenir ainsi que les échéances ;
- ce qu'il attend de l'auditoire présent.

Il laisse les participants s'exprimer et les écoute avec attention, puis il répond aux questions.

Enfin, il conclut en s'impliquant personnellement dans son annonce. Une mauvaise nouvelle ne peut concerner que les autres. Il essaie tout de même de terminer par une note positive.

L'essentiel

- La réunion d'informations descendantes n'est autre qu'une prise de parole en public pour celui qui transmet les informations. La préparation est la clé de cette réunion. Il est parfois préférable de dissocier les rôles d'expert et d'animateur pour que l'expert se concentre sur le fond et que l'animateur se concentre sur le déroulé.
- L'expert gèrera :
  - la définition de l'objectif de la réunion, messages à transmettre ;
  - l'adaptation du message aux types de participants ;
  - l'anticipation des questions et objections ;
  - la rédaction du support de présentation ;
  - l'entraînement à la prise de parole.
- L'animateur gèrera :
  - l'organisation logistique ;
  - la définition de l'ordre de présentation et d'intervention ;
  - l'introduction et les transitions ;
  - la séquence de questions/réponses.
- L'exercice est difficile, mais seule l'expérience permet de s'améliorer. Alors, jetez-vous à l'eau !

Chapitre 8

Les réunions de recueil d'informations

Définition des objectifs

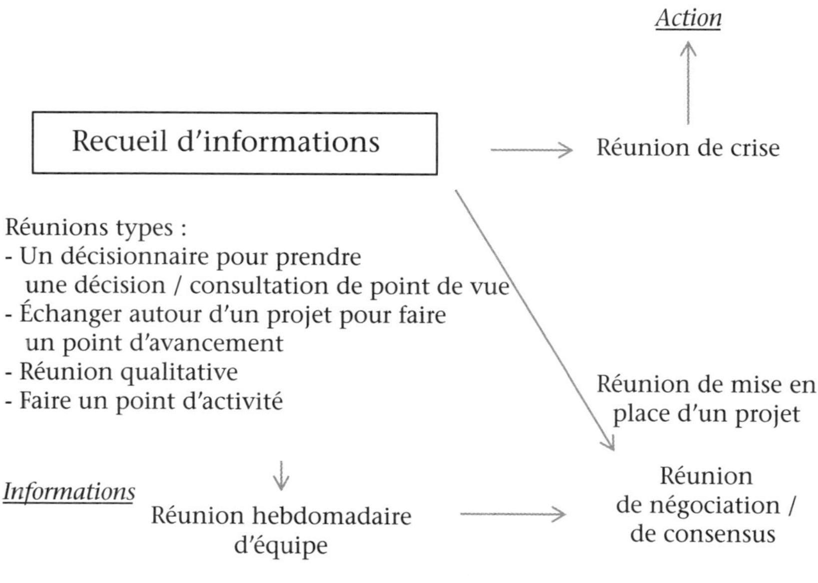

Figure – La réunion de recueil d'informations

Le recueil d'informations est une étape déterminante dans un projet. Il sert à comprendre des enjeux, à ne pas refaire ce qui a déjà été fait, à s'orienter entre différents choix, à recueillir les avis de différents groupes de personnes (clients et prospects) et à motiver les équipes.

Cette démarche constitue une « photographie » à l'instant T d'une situation. Ainsi, elle fournit les informations nécessaires pour prendre une décision, établir un état des lieux, un point zéro ou évaluer une situation.

Durant cette réunion, l'objectif de l'animateur sera de :

- comprendre la situation sur un/des points donnés ;
- écouter et faire contribuer les participants ;
- poser des questions claires et compréhensibles ;
- couvrir tous les points prévus.

Préparation de la réunion

Le profil des participants

Les participants à convier sont ceux qui enrichiront le recueil d'informations par leur vision, leur expérience ou leur particularité. Le type de personne à inviter est à définir avant la mise en place de la réunion : cela fait partie de la stratégie de définition des objectifs. En réunion de recueil d'informations, la richesse vient des participants. La réunion sera donc tournée vers eux. C'est leur avis, leur expérience et leur discours qui seront à recueillir. L'animateur s'interroge alors sur plusieurs points pour constituer un groupe pertinent :

- Pourquoi est-ce que j'invite ces participants ?
- Que peuvent-ils apporter à la problématique ? Au groupe ?

- Est-ce que toutes les personnes présentes peuvent cohabiter dans une salle ?
- Y a-t-il des conflits d'intérêt entre les participants ?
- Est-ce que tous les participants sont pertinents pour répondre aux questions que l'on se pose ?

En réunion de recueil d'informations, l'animateur doit être réceptif et neutraliser ses jugements pour laisser chaque participant exprimer librement ses idées et points de vue.

Le contenu de la réunion

Le contenu de la réunion sera guidé par l'animateur, mais élaboré par les participants. L'animateur est le maître du processus. Il dirigera la réunion dans le sens de sa problématique. Il s'appuiera sur un guide d'animation, mais surtout sur le discours des participants. L'animateur devra tenir compte des différentes personnalités qui risquent d'être présentes lors de la réunion.

En pratique

Le choix des exercices dépendra évidemment de l'objectif de la réunion. Les réunions exploratoires, d'investigation de causes profondes ou d'images associées à un thème, utiliseront des techniques de détour ou des exercices dits projectifs.
Les réunions de validation utiliseront une animation et des techniques plus rationnelles, telles que le vote ou l'évaluation des avantages et inconvénients.

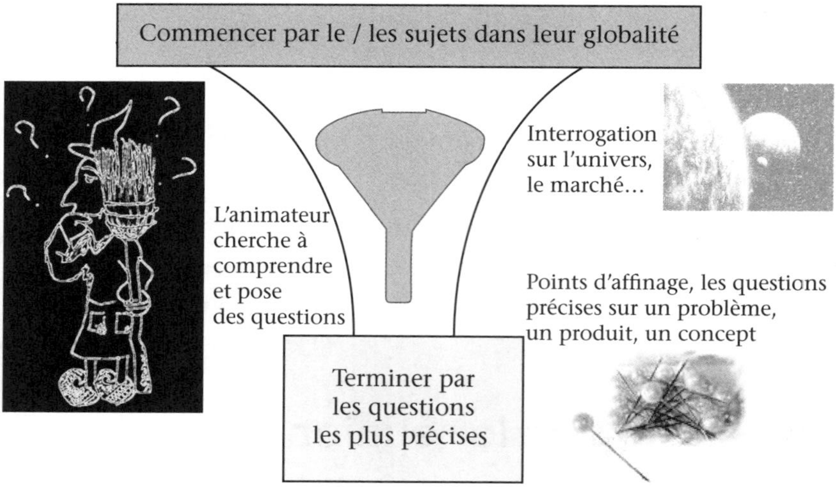

Figure – Le guide d'animation

Le démarrage de la réunion

L'accueil

Avant de commencer une réunion de recueil d'informations, il faut organiser un sas de décompression pour les participants : l'accueil. Il servira à instaurer un climat de confiance. C'est un premier contact avec les participants, un simple échange informel. Il aidera l'animateur à maîtriser son trac. Pour les participants, il diminuera la distance sociale avec l'animateur et permettra d'entrer plus positivement dans le groupe.

L'installation des participants et les premiers échanges entre eux les aideront à trouver leurs marques et à faire le pont entre leur activité précédente et la réunion.

Le lancement de la réunion

La réunion commence lorsque l'animateur prend la parole. Devant un public qui se connaît, il devra commencer à parler avant même que les participants se soient tus, au moment même où il a décidé de commencer.

Devant un public qui ne se connaît pas, il devra se lancer dans un silence parfois dérangeant. Pour les plus anxieux, n'hésitez pas à respirer et à lire la première phrase d'introduction. Cela permettra de combler un vide anxiogène.

S'il y a des retardataires, selon leur nombre, l'animateur peut décider de les attendre ou non, en prévenant les participants déjà présents. Par respect pour les personnes à l'heure, cette attente ne peut dépasser dix minutes sans commencer. Au-delà, l'animateur peut commencer en laissant la porte entrouverte, signifiant aux retardataires qu'ils sont attendus.

En pratique

Comment gérer les retards

Pour intégrer des retardataires, l'animateur peut nommer une personne en charge de faire un récapitulatif permettant d'intégrer les nouveaux venus. Il peut aussi choisir d'interrompre brièvement le groupe et demander à quelqu'un d'expliquer ce qu'il s'est passé jusque-là. Ainsi, la personne en retard s'inclut dans le groupe.

L'introduction

Elle comporte :

- Un remerciement aux participants pour leur présence.
- La présentation de l'animateur, ainsi que son rôle vis-à-vis du sujet traité. Cette étape peut être écartée pour les réunions récurrentes.

- L'objectif de cette réunion : pourquoi on se réunit, ce qu'on attend de cette réunion. S'il est préférable de ne pas trop en dire pour le bon déroulé de la réunion, dire ce qu'on attend des participants (qu'ils participent, qu'ils fassent confiance à l'animateur pour le déroulé, qu'ils répondent sans tabou…). Les participants ont besoin, avant de commencer, d'un minimum d'informations sur les raisons de cette réunion. Si l'animateur prévoit plusieurs thèmes, il les expose dès l'introduction pour éviter que les participants ne pensent la réunion terminée après le premier sujet.
- L'ordre du jour si nécessaire : les étapes de la réunion.
- La durée : le temps prévu pour cette réunion, ainsi que les pauses si c'est le cas. Cette information permettra aux participants de se projeter dans le temps et évitera les comportements d'échappement.
- Les règles de fonctionnement de la réunion : elles sont à fixer par l'animateur et à adapter selon le contexte de chaque réunion (voir chapitre 3).

En pratique

Pour une introduction réussie, l'animateur se prépare en anticipant une phrase d'ouverture qui l'aide à entrer dans son animation. S'il est débutant, il peut rédiger ses premières phrases et les apprendre. Il peut aussi s'appuyer sur un support écrit, qu'il utilisera avec parcimonie pour garder le contact visuel avec les participants. L'animateur aguerri pourra s'appuyer sur son habitude de prise de parole, avec une phrase type qui l'aide à entrer dans son animation, sans pour autant donner l'impression de réciter.

L'introduction donne le ton à la réunion et influence la dynamique de groupe dès le départ. Lorsque le démarrage se passe bien, la suite de la relation est plus aisée. Elle peut être affectée par plusieurs facteurs :

- Le stress : l'entrée en scène de l'animateur est souvent soumise au trac, à l'anxiété, au stress. Cet état est provoqué par l'obligation de se mettre en scène, par une prise de parole en public et par la crainte sous-jacente du jugement des participants.
- Le jugement des participants : ceux en présence attendent l'intervention de l'animateur. Au démarrage, ils sont dans une posture fermée de jugement et d'attente. Leur regard est fixé sur l'animateur dans un silence parfois pesant.
- Les contraintes matérielles : la salle dans laquelle est conduite la réunion n'est pas nécessairement adaptée. L'animateur sait d'avance qu'il aura un travail important à fournir pour briser la distance qu'elle pose entre les participants.
- La composition du groupe : la dynamique de groupe peut être *a priori* difficile à gérer, par exemple à cause de la présence connue « d'experts », de supérieurs hiérarchiques ou d'individus en querelle.
- Les imprévus : toutes sortes d'imprévus peuvent venir perturber le début d'un groupe et déstabiliser l'animateur.

En pratique

Faire retomber la pression

Dans la forme, l'animateur compose son introduction selon sa personnalité. Il peut anticiper une astuce à lui, afin d'être plus à l'aise dans le groupe : une note d'humour, une histoire, des chiffres, un temps de silence, etc. Cet élément lui permettra d'entrer pleinement dans son animation.

Une réunion ne sert à rien si :

- On ne se prépare pas.
- On n'écoute pas ce que les autres ont à dire.
- On est persuadé de connaître déjà la réponse.
- On est seul décisionnaire et on n'écoutera pas les autres, etc.

Exemple d'introduction : réunion pour tester un nouveau produit de voyage auprès de personnes de différents services de l'entreprise :

« Merci beaucoup d'être venus passer l'après-midi avec moi. Je me présente, je suis X. J'appartiens au service marketing et mon rôle est de recueillir un maximum d'informations sur un nouveau produit que l'on prévoit de sortir. Cette réunion a pour but de recueillir votre avis pour une première amélioration. Nous serons ensemble pendant une heure. Le temps étant assez court, il n'y aura pas de pause.

Pendant cette réunion, je vous demanderai de laisser vos téléphones portables de côté pour que nous puissions utiliser au mieux notre temps. Je vous demanderai également de rester dans le groupe, c'est-à-dire de ne pas faire d'aparté avec votre voisin et d'éviter les débats avec les autres participants. Je cherche ici le point de vue de tout le monde. C'est important que tout le monde puisse s'exprimer sans censure, afin d'améliorer notre produit. Je considérerai toute critique comme positive. »

L'inclusion : la présentation des participants

La présentation des participants dépend du niveau de formalité souhaité.

Une réunion formelle et codifiée replacera les participants dans leur rôle social : nom, prénom, service, fonction. Si des intervenants extérieurs participent, la présentation pourra également reprendre une présentation succincte de leur entreprise.

Pour une réunion plus impliquante, il sera préférable de sortir les individus de leur cadre traditionnel et de les placer sous un autre angle, afin qu'ils retirent leur casquette « métier ».

Comme exemple d'inclusion, voici la suite de l'exemple précédent :

« Nous ne nous connaissons pas tous. Avant de commencer, j'aimerais que nous fassions un peu connaissance. Je souhaiterais que vous vous présentiez avec votre prénom, votre âge, votre situation familiale et que vous me disiez ce que vous prenez dans votre sac pour aller à la plage... »

Dans cet exemple, demander aux personnes de se présenter avec leur sac de plage permet de se projeter directement dans l'atmosphère des vacances et de se sentir plus impliqués dans la discussion d'un point de vue personnel.

L'ordre des présentations : qui se présente en premier ?

Si l'animateur se présente en premier, il assoit sa légitimité et rassure le groupe.

Si les participants se présentent en premier, cela favorise l'autonomie du groupe et indique que l'animateur est là en soutien.

L'attitude de l'animateur

Dès les premières minutes, on attend de l'animateur qu'il :

- Rassure les participants sur le déroulé de la réunion. Il annonce les horaires et garantit le procédé.
- Soit convivial et chaleureux. Il met à l'aise les participants avec des atouts propres à sa façon d'être. Il se met dans la peau d'un hôte qui doit mettre à l'aise ses invités.
- Donne envie de s'exprimer. Il écoute et ne juge pas ce qu'il entend (neutralité).
- Inspire l'envie de participer et la sympathie, il surprend (dans le bon sens du terme), il paraît abordable, drôle, dynamique, il est souriant, etc.

Le déroulé de la réunion

La réunion de recueil d'informations se décompose en cinq temps inégaux, mais tout aussi importants. Pour une réunion de deux heures :

- Temps 1 : introduction par l'animateur, cinq à dix minutes.
- Temps 2 : présentation des participants, dix minutes.
- Temps 3 : purge, élagage, zone tampon, chauffe, quinze minutes.
- Temps 4 : cœur du sujet, une heure dix.
- Temps 5 : conclusion, quinze minutes.

Si la priorité est accordée au temps 4, il faut impérativement avoir conscience de l'importance des autres temps pour construire le groupe et aboutir convenablement au cœur du sujet.

Les temps 1 et 2, comme nous l'avons vu, servent à construire le groupe et à mobiliser l'intelligence collective du groupe. On ne peut pas en faire l'économie. En cas de retard, l'animateur peut penser gagner du temps en survolant ces étapes, mais ce ne serait que pure perte. Les participants ont besoin de cette zone tampon pour entrer réellement dans la réunion. Il est à noter que, plus une réunion est longue, plus le temps à accorder aux présentations est important. Elles servent à instaurer un climat d'échange dans le groupe.

Le temps 3 sert à évacuer les discours de façade et à entrer dans la dynamique d'expression de la réunion. Pour une animation impliquante, ce temps est extrêmement important : c'est l'apprentissage d'un nouveau mode d'expression (ex. : s'exprimer en mots clés, avec des images…).

- Dans le fond, les informations recueillies serviront à cadrer les représentations du thème abordé, les premiers préjugés et les discours entendus.

- Dans la forme, c'est un moment où il sera demandé à tous les participants d'intervenir. Chacun s'exprimera et entrera dans une posture active d'expression. L'animateur cherchera l'intervention de tous et interpellera ceux qui ne disent rien. C'est un moyen de signifier qu'il est attentif à leur retrait et que leur participation est demandée.

Cette étape termine la construction du groupe. On peut avoir tendance à l'écourter, mais ce serait se priver d'un palier important avant d'entrer réellement dans le cœur du sujet.

Le temps 4 est celui qui fait l'objet principal de la préparation. Il peut être développé en plusieurs sous-parties, selon l'objectif et le temps accordé à cette réunion. Plus la réunion est longue, plus cette partie pourra être développée. Durant ce recueil d'informations, la richesse vient du groupe. Il est plus important de comprendre le schéma mental des participants que de répondre à toutes les questions du guide. Le maître mot est davantage « compréhension » que « questionnement ».

À cette étape, l'animateur doit :

- écouter ;
- porter le groupe vers son objectif ;
- s'intéresser à tous les participants ;
- être en contact visuel constant avec les participants ;
- chercher la parole de tous ;
- comprendre les différentes opinions.

Le temps 5 de conclusion est un moment de synthèse ou de prise de recul par les participants sur ce qu'ils viennent de faire. L'animateur les remercie pour leur participation et répond aux dernières questions s'il est autorisé à le faire. Un animateur extérieur peut profiter de ce moment pour poser quelques questions en off : le procédé de réunion est terminé, le temps a été respecté, les participants sont soulagés. C'est à ce moment-là que certains participants donnent une version plus directe de leurs pensées. L'animateur peut alors recueillir des informations très intéressantes.

Au moment de mettre fin à cette expérience commune, l'animateur peut expliquer le devenir des informations recueillies et les étapes suivantes.

Enfin, si l'animateur est le commanditaire décideur et si les délais le permettent, il est préférable qu'il n'annonce pas sa décision en conclusion de la réunion. Ainsi, la neutralité de l'animateur sera respectée et cette image favorisera la participation aux prochaines réunions.

Après la réunion

Synthèse et compte rendu

Si cela est pertinent, dans les 24 heures suivant la réunion, l'animateur rédige et envoie un compte rendu synthétique reprenant les points principaux abordés et les décisions prises. Si la réunion est enregistrée, un lien vers l'enregistrement peut également être fourni pour ceux qui souhaitent revoir certains points.

Dans les semaines suivantes, le commanditaire de la réunion peut demander un rapport d'analyse de ces réunions pour en tirer les enseignements.

L'essentiel

- La réunion de recueil d'informations demande une certaine confiance en l'animateur : on ne donne pas son avis si facilement. Il est donc nécessaire que l'animateur sache créer un climat de confiance. Pour cela, il prendra le temps de construire son groupe en trois étapes :
  - l'accueil et la réassurance quant au déroulé ;
  - la présentation ;
  - l'entrée dans le fonctionnement de la réunion.
- Ce temps de formation du groupe doit être considéré comme incompressible.
- La quatrième étape représente le recueil d'informations à proprement parler. L'animateur prépare minutieusement ce recueil en réfléchissant aux questions et aux exercices sur lesquels s'appuyer. Il rédigera un guide d'animation qui lui servira de soutien et de pense-bête : il ne doit en aucun cas être lu pendant la réunion, mais juste survolé pour valider que les points nécessaires ont été abordés. Le contact permanent avec les participants est primordial.
- La réunion se termine avec des remerciements et, éventuellement, une conclusion sur le devenir des informations recueillies.

Chapitre 9

Les réunions de recherche et mise en place de solutions

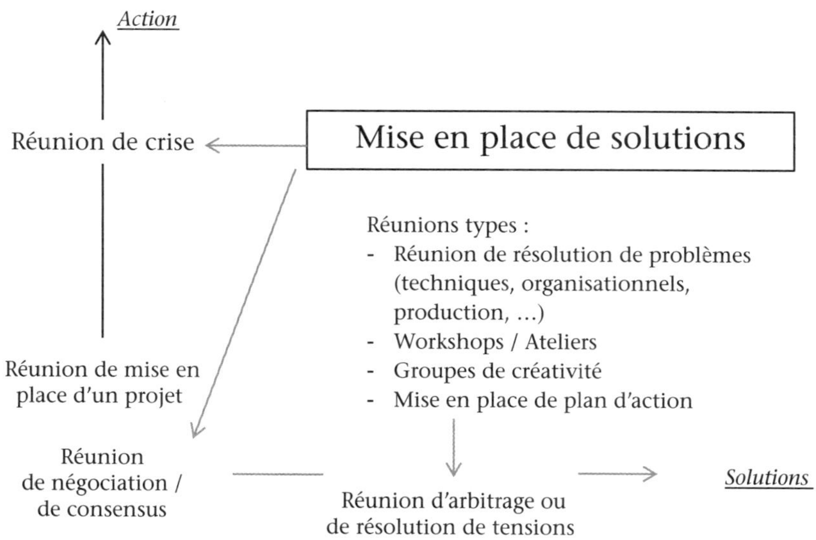

Figure – La réunion de recherche et mise en place de solutions

Les réunions de recherche et de mise en place de solutions ont pour but de rassembler les énergies et les compétences autour de la résolution d'un problème spécifique. L'objectif est de tirer profit de l'intelligence collective pour trouver une solution pertinente et opérationnelle. Lors de ces réunions, le groupe de travail forme un véritable rouage où chaque participant contribue à la création de solutions, répondant ainsi au besoin de résolution exprimé par un commanditaire qui éprouve des difficultés à résoudre le problème seul.

Dans ce type de réunion, les participants travaillent ensemble pour formuler une réponse collective à un problème commun. La dynamique d'animation, rationnel ou impliquant, a ici une incidence sur le déroulé et le contenu de la réunion. Pour des raisons politiques ou sociales, par manque d'expertise ou par crainte de ne pas rentrer dans les codes, certains animateurs préfèrent une animation en mode rationalisé. Ce mode d'animation perçu comme plus sérieux suit les codes formels des réunions en entreprise. Ainsi, l'animateur ne prend aucun risque. Ce type de réunion est souvent considéré comme une norme. Mais attention ! Une réunion en mode rationalisé risque de ne pas répondre aux exigences de renouveau et de créativité.

Définition des objectifs

Les principaux objectifs de ce type de réunion sont de :

- mobiliser des ressources autour de la recherche de solutions ;
- travailler à plusieurs afin de bénéficier de l'intelligence collective ;
- trouver des solutions adaptées ;
- distribuer les tâches ;
- accorder les plannings.

Ce type de réunion se décompose généralement en quatre grandes étapes :

- la compréhension de la problématique ;
- la recherche de solutions ;
- la sélection et le développement de quelques solutions sélectionnées ;
- la mise en place d'un plan d'action.

La préparation de la réunion en mode rationnel

Dans ce format, l'animateur et les participants préparent en amont leurs réflexions, afin de structurer la réunion autour de solutions déjà envisagées. L'animateur est généralement le commanditaire et souvent le leader du projet. À ce titre, il fait également partie des décisionnaires.

Ce mode d'animation est propice aux réunions relativement courtes, souvent autour de deux heures, car la réflexion a été menée individuellement par chaque participant avant la réunion.

Les participants

- **Le nombre de participants :** il dépend du nombre de personnes impliquées dans le projet ; six à huit personnes est idéal. pour éviter les difficultés logistiques et maximiser l'efficacité.
- **Le profil des participants :** les participants invités ont tous un lien avec le projet. Ils sont donc des acteurs actifs, capables de contribuer de manière éclairée. La majorité sont des internes, bien que des prestataires ou experts externes puissent parfois être intégrés. Ils connaissent bien le sujet et la problématique :

chacun vient avec ses connaissances, mais aussi avec ses freins et ses limites liées à la connaissance du sujet.

L'animateur regroupe ces personnes dans le but de faire émerger des solutions pragmatiques à mettre en place, voire – si le temps le permet – de définir ensemble un plan d'action (qui fait quoi).

En amont, l'animateur s'interroge sur les profils essentiels à la réunion et peut structurer une première liste en se posant les questions suivantes :

- Quelles sont les compétences nécessaires à ce projet ?
- Qui sont les intervenants à impliquer et leurs liens avec le projet ?
- Quels rôles auront les participants durant et après la réunion ?
- Pourquoi j'invite ces participants ?
- Quel peut-être son apport sur le projet ?

Le contenu

La réunion sera totalement ciblée sur les problèmes posés ou le projet. La réunion sera guidée vers la mise en place d'un résultat concret ayant pour finalité des actions à mettre en place.

En mode rationalisé, le contenu de la réunion repose sur des échanges et des mises au point. Le déroulé se base sur un questionnement rationnel du type : quel est le problème ? Quelles solutions peut-on apporter ? Quelles sont les actions à mettre en place ? Quels sont les délais ?

Généralement, son rôle consiste à préparer sa réunion et ses outils d'animation, qui s'approcheront davantage d'outils et de modèles de gestion de projet.

Exemple d'outils : bases d'analyse fonctionnelle, diagrammes des travaux, diagrammes des responsabilités et matrice RACI, PERT, planning de Gantt...

Le déroulé type en mode rationnel

L'animateur qui prépare la réunion doit être capable d'exposer le plus clairement possible la problématique, de définir les étapes du projet, d'avoir en tête le calendrier et le budget puis de coordonner les individualités en présence.

L'animateur est ici souvent décisionnaire et prendra les dernières décisions. Il peut avoir déjà réfléchi à des solutions et finalement, la réunion sert davantage à soumettre sa réflexion à l'équipe qu'il a constituée. Ses idées seront ensuite améliorées et complétées par les autres participants. Parfois, il demande aux participants un travail préparatoire et la réunion est une mise en commun des différents travaux/recherches.

Il est possible que certaines de ces tâches aient été effectuées en amont lorsque l'animateur est également commanditaire.

Ensuite, l'équipe débat des différents éléments, les valide ou les invalide, et en discute, mais l'animateur vient déjà avec une proposition presque écrite. Dès l'invitation des participants, l'animateur a une idée du résultat. La recherche de solutions se rapproche davantage d'une étude de faisabilité et d'une répartition des tâches.

Pour une réunion de deux heures :

- Temps 1 : introduction et présentation des participants, quinze minutes.
- Temps 2 : présentation du projet et de l'objectif, vingt minutes.
- Temps 3 : recherche de solutions, étude de faisabilité ; présentation et débat, une heure.
- Temps 4 : répartition des tâches et vérifications des plannings, dix minutes.
- Temps 5 : conclusion et mise en place du plan d'action : qui fait quoi ? Pour quand ? Avec quelles ressources ? Quinze minutes.

Particularités de la réunion en mode rationnel

Les solutions sont réfléchies et pensées avant la réunion. Chacun vient avec des idées déjà construites et argumentées. Elles sont ensuite discutées et affinées, mais leurs ébauches préexistent avant la réunion.

Pendant la réunion, il est très difficile (voire impossible) de proposer des idées nouvelles. Lorsque cela arrive, elles ne sont pas aussi bien développées et sont donc souvent rejetées.

La préparation de la réunion de mise en place de solution en mode impliquant

Dans ce mode, l'animateur favorise une participation active, en laissant émerger les idées au sein du groupe. Ce rôle nécessite de guider les échanges tout en permettant une libre expression des perspectives individuelles. La démarche impliquante se distingue par une construction collective des solutions en vue d'une innovation plus marquée.

1. **Définition de l'objectif :**
   - exposition du problème ;
   - compréhension de la problématique par tous les participants.
2. **Recherche de solutions :**
   - recueil des idées ;
   - sélection de quelques idées ;
   - construction des solutions ;
   - amélioration des solutions.

3. **Mise en place d'un plan d'action :**
   - définition des étapes clés du projet ;
   - découpage en tâches ;
   - attribution des rôles ;
   - analyse des risques et identification des ressources.

Pour aller plus loin

Évitez de tourner en rond !

Il est essentiel d'éviter les risques d'enlisement propres aux réunions en mode rationalisé. Ce type de réunion rassemble souvent des participants aux opinions déjà bien établies, chacun cherchant à défendre ses propres idées. Cette approche peut compromettre la prise de décisions véritablement collectives et aboutir à des conclusions peu ambitieuses.

Les risques des réunions en mode rationalisé sont donc de :

- rencontrer des difficultés à accepter le point de vue des autres ;
- faire naître des tensions d'ego ;
- ne pas réussir à avancer sur l'objectif et tourner en rond ;
- prendre, au final, des décisions sans grande envergure.

La juxtaposition de solutions élaborées séparément par les participants ne favorise pas la cohésion d'équipe. Le travail en groupe perd alors de sa valeur, et le potentiel d'intelligence collective est affaibli.

Après la réunion

L'animateur établi un compte rendu différent selon son mode d'animation. En mode rationalisé, il produira les tableaux nécessaires à la gestion de projet. En mode impliquant, selon l'avancée pendant la réunion il retranscrira les éléments issus de la phase de divergence d'idées mais surtout les points de convergence.

Cas pratique : le groupe de recherche créative/animation implicante

Les groupes de recherche créative représentent une approche structurée sur les étapes à suivre, mais déstructurée sur la forme. Dans un climat créatif détendu, avec des exercices ludiques, ce type de réunion permet d'aborder des problématiques complexes et générer des solutions innovantes. Pour aller chercher une pensée créative, il est important de faire tomber les jalons de la pensée structurée et s'autoriser à penser *out of the box*. L'aspect ludique dans la forme casse nos schémas de pensée traditionnel pour aller chercher des idées ailleurs. Cependant, en mêlant cette forme peu conventionnelle à la structure du processus créatif humain, ces sessions permettent d'aboutir à des idées différenciantes.

- **Un peu de vocabulaire**

Le processus créatif est un dispositif complet qui part d'un problème à résoudre et aboutit à la mise en place de solutions. Il se décompose en quatre grandes étapes :
– **étape 1 :** la clarification de l'objectif ;
– **étape 2 :** la recherche d'idées ;
– **étape 3 :** le développement et l'élaboration de ces idées ;
– **étape 4 :** la mise en place d'un plan d'action.
Dans le langage courant, on parle souvent de brainstorming ou d'idéation. Nous devons alors nous rappeler qu'il s'agit là d'une seule étape du processus. Dans le cas où cette étape est menée seule, il est probable que les idées émises ne soient pas assez fortes pour survivre sans retravail. Cependant, le groupe aura passé un moment agréable à réfléchir autrement et cela peut être suffisant.

- **Un peu de méthode**

L'étape 1 de clarification peut se faire en amont de la session de travail. Elle permet de bien identifier la problématique, de se procurer toutes les données dont on a besoin pour s'approprier le sujet et de définir quels sont les critères de sélection des idées lors de la phase de convergence. C'est également à cette étape que l'on identifie les personnes qui constitueront le groupe ressource permettant de générer les idées.

L'étape 2 du processus créatif, mise en place avec un groupe ressource, se divise en trois temps :

- La définition d'un défi créatif et/ou l'imprégnation : en début de groupe, le commanditaire reprend les éléments important de la clarification et expose le problème dans son intégralité aux participants. Afin que les participants s'imprègnent du sujet, il sera ensuite transformé en plusieurs objectifs puis en défi créatif mettant en avant les différentes tension à résoudre.
- La divergence : recherche d'idées tous azimuts avec ou sans technique. Le but est de pousser le groupe à produire des idées.
- La convergence : sélection d'idées selon des critères définis avec le commanditaire (différent de la faisabilité et des ressources nécessaires) et classement.

Ce type de réunion met en commun des participants, du temps, un animateur et des techniques, afin de travailler sur un problème qui demande une réponse créative et différente. Les groupes de créativité sont utilisés en vue de créer des idées nouvelles, différenciantes, originales qui ne deviendront qu'ensuite réalisables.

Les étapes 3 et 4 sont généralement faites par les équipes projets. Après la sélection des idées intéressantes à travailler, les équipes projets reprennent la main pour développer puis mettre en œuvre la ou les idées.

- **Les missions de l'animateur**

Chaque étape du processus créatif peut être (ou non) abordée avec des participants différents. Les missions de l'animateur sont de :

- faire appliquer des règles de communication ;
- développer la confiance en soi des participants et la confiance dans le groupe ;
- favoriser la cohésion d'équipe dans la poursuite de son objectif ;
- faire penser autrement.

Par l'utilisation d'exercices créatifs, inventés ou piochés dans sa boîte à outils (voir exemples ci-dessous), l'animateur passera par des moyens originaux. Il cassera la routine et les codes traditionnels des participants pour explorer différemment le champ des possibles. Ainsi, il pourra amener les participants à trouver des solutions créatives au problème.

- **L'impact de l'environnement**

Les travaux de Todd Lubart, professeur universitaire en psychologie différentielle spécialiste de la créativité, mettent en lumière l'impact significatif de l'environnement sur les processus créatifs et sur les dynamiques de groupes de créativité. Il influence directement l'état d'esprit et la productivité des participants. La conception et l'aménagement des espaces de travail, ainsi que l'atmosphère qui y règne, peuvent avoir une influence notable sur la capacité des individus à générer des idées novatrices.
L'animateur doit donc veiller à organiser un environnement propice à l'émergence d'idées, avec des espaces de mouvement, des zones de travail collaboratif et des moments de convivialité.

- **Exemple détaillé du déroulement d'un groupe de recherche créative**

- Objectif de la réunion

L'objectif principal est d'identifier des solutions originales à un problème défini, grâce à une dynamique de groupe encadrée. Ce type de réunion est particulièrement adapté aux défis nécessitant une approche créative et une implication collective.

- Mise en place du groupe

– Accueil des participants : à leur arrivée, l'animateur instaure un climat propice à la créativité. Une activité ludique, comme la création d'étiquettes nominatives originales ou un jeu d'accueil, aide les participants à se détendre.
– Explication des règles du jeu : l'animateur rappelle les consignes essentielles, notammentdifférer le jugement, encourager les idées spontanées et associer librement.

- Les règles de fonctionnement des groupes de créativité

Les groupes de créativité en plus des règles que nous avons déjà vu au chapitre 3 répondent à des règles de fonctionnement particulières, notamment dans les phases de divergence et de convergence.
Les règles de divergence : la divergence est une phase d'exploration du maximum d'idées possible. Les règles correspondent à :
- donner un maximum d'idées ;
- différer le jugement : les idées émises ne seront jugées que dans un second temps ;
- s'autoriser à tout dire ;

- chercher la quantité ;
- tout est possible : trouver des idées originales et surprenantes ;
- rebondir sur les idées des autres ;
- tout noter (par l'animateur, un scripte ou individuellement sur des Post-its).

Les règles de convergence : la convergence est une phase de sélection et de tri des idées. Les règles correspondent à :

- juger positivement la production ;
- améliorer les idées ;
- chercher l'inédit ;
- répondre à l'objectif.

Au démarrage d'un groupe, l'animateur met en place un brise-glace au sein du groupe. Cette activité sert à faire connaissance différemment et à mettre en place le climat nécessaire à la recherche d'idées. Voici un exemple de brise-glace : la présentation imagée.

Étalez des images au sol puis dites :

« Je vous propose d'aller choisir un image qui reflète votre état d'esprit par rapport à cette session ».

Une fois que chacun a choisi :

« Nous allons maintenant nous présenter en utilisant cette image. Vous pourrez nous partager votre prénom et nous dire en quoi cette image parle de vous. Celui qui se sent prêt peut commencer » – puis laisser le silence s'installer en regardant le groupe pour donner la parole à celui qui se sent prêt.

Veillez à maintenir une atmosphère bienveillante et respectueuse des rythmes individuels.

- **Présentation de l'objectif**

Le commanditaire ou l'animateur expose clairement la problématique et son contexte. Une question, formulée de manière ouverte (« Comment faire pour… ? ») structure l'objectif.

- **Imprégnation du sujet**

Avant de produire des idées, les participants sont invités à approfondir leur compréhension de la problématique. Cette phase peut inclure des exercices de reformulation ou d'analyse collective du défi.

- **Phase de divergence**

Cette étape se concentre sur la génération d'un maximum d'idées. Voici quelques techniques utilisées :
- Brainstorming Post-it libre : chaque participant prend un temps en silence pour proposer des idées sur un Post-it sans censure. L'animateur récupère les idées et les colle en les lisant à voix haute.
- Exercices spécifiques : connexions forcées avec plusieurs supports comme des images ; des objets ; une promenade ; un consultant virtuel.
- Règles à respecter : tout noter, différer le jugement, viser la quantité et favoriser l'association d'idées.

- **Phase de convergence**

L'animateur guide les participants dans le tri et la sélection des idées en fonction de leur faisabilité, originalité et adéquation avec l'objectif. Voici les outils utilisés :
- Sélection par gommettes.
- Matrices d'évaluation en fonction des critères identifiés avec le commanditaire.
- Sélection des idées à travailler soit parce qu'elles ont le plus de gommettes, soit parce qu'elles sont prioritaires.
- Préparation à la présentation des idées

Généralement, les groupes s'arrêtent à cette étape. Cependant, pour muscler davantage les idées sélectionnées avant d'établir un plan d'action, les étapes sont les suivantes :

- **Phase de développement des idées**

À partir des idées retenues, le groupe ou le commanditaire passe par une phase d'approfondissement. Les idées sont alors développées pour être approfondies en identifiant les atouts et les limites puis en trouvant des parades à ces limites. Une fois ces étapes franchies, l'idée finale sélectionnée sera ajustée et préparée pour une mise en œuvre pratique.

- **Mise en place d'un plan d'action**

Le commanditaire et/ou le groupe définissent les prochaines étapes pour intégrer les idées dans un cadre opérationnel.

- **Clés de réussite du groupe de recherche créative**

- **Diversité des participants** : la variété des profils favorise des points de vue complémentaires.
- **Structure et flexibilité** : une méthodologie claire, mais adaptable aux besoins du groupe.
- **Animation adaptée** : l'animateur doit s'ajuster en permanence aux rythmes et dynamiques du groupe.

En combinant ces éléments, le groupe de recherche créative peut transformer une problématique complexe en solutions innovantes et opérationnelles, tout en renforçant la collaboration et l'implication des participants.

L'essentiel

- L'animation de réunion visant à la mise en place de solutions peut prendre deux formes : l'animation rationalisée ou l'animation impliquante. Le choix du mode d'animation aura une incidence tant sur le déroulé de la réunion que sur les résultats.
- La mise en place de solutions doit passer par quatre étapes :
  - la mise en place du groupe (en amont par le commanditaire pour les animations rationalisées ; pendant le groupe pour l'animation impliquante) ;
  - la compréhension de la problématique : un problème bien posé est à moitié résolu ;
  - la recherche et la sélection de solutions ;
  - la mise en place du plan d'action.
- L'animation rationalisée rassure les participants et l'animateur décisionnaire. Le cadre de la réunion est connu, sans grande surprise et répond à une norme d'entreprise rassurante. Le résultat, à l'image de la réunion, sera également sans surprise.
- L'animation impliquante doit être menée par un animateur expert à qui les participants doivent faire confiance. Ce type de réunion, trop peu fréquent en entreprise, repose sur des méthodes d'animation qui peuvent apporter une cohésion d'équipe plus grande et des résultats moins attendus.

Chapitre 10

Les réunions de coconstruction de fond

Définition des objectifs

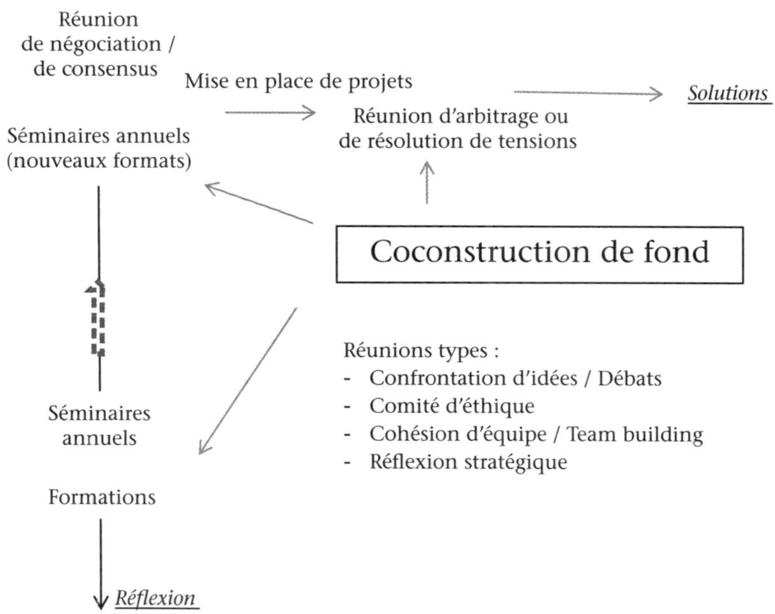

Figure – La réunion de coconstruction de fond

L'objectif des réunions de coconstruction est de faire avancer un sujet sur le fond. Ce type de réunion permet de mettre en commun différents points de vue et de construire soit une idée, soit un projet.

Ces réunions, souvent organisées en cycle, ont deux angles d'application :

- le projet concret, pour lequel on se place généralement à moyen terme ;
- la stratégie, pour laquelle on considère davantage le long terme.

La préparation de la réunion

Nombre de participants

En mode rationalisé, deux à huit participants assurent une bonne interaction sans diluer les échanges. En mode impliquant, le groupe doit inclure au minimum six personnes et peut aller jusqu'à douze à quinze pour une animation fluide.

Profil des participants

Pour les réunions de coconstruction animées en mode rationalisé, les participants seront invités sur la base d'une expertise, d'un travail, de recherches ou de leur préparation. Ils auront travaillé leur sujet et exposeront leur point de vue soit tour à tour, soit en débat, selon la configuration choisie.

Pour les réunions de coconstruction animées en mode impliquant, les participants sont invités pour leur appartenance à une équipe, à un projet. Ils viennent avec leurs opinions et leur façon d'être, sans réelle préparation préalable (sauf indication contraire).

Les réunions de coconstruction animées en mode rationnel

Le mode d'animation rationalisé est plus adapté pour :

- recenser les points de vue réfléchis des intervenants ;
- mettre en commun différentes analyses ;
- essayer de trouver des parades aux objections.

En fin de cycle, ce type de réunion se termine par des prises de décisions et par la mise en place de plan d'action.

Le contenu

Les réunions de coconstruction mettent en commun les points de vue de différentes personnes. Chacune prend la parole à son tour et expose ses idées. Généralement, les prises de parole et les intervenants se succèdent selon un ordre du jour. On peut éventuellement y intercaler des droits de réponse.

Les participants auront préparé leur intervention et pourront l'étayer de chiffres, de supports visuels, de données, etc. Le temps de parole est réparti selon le nombre d'intervenants prévus et selon les sujets à traiter. Les idées apparaissent comme des couches superposées : chacun pourra choisir et composer sa propre structure de pensée (comme dans un comité d'éthique, par exemple).

La préparation de l'animateur

L'animateur prépare son animation en fonction de ce qui a été convenu et communiqué par les intervenants. L'animation peut être plus ou moins directive selon le modèle choisi. Les participants peuvent éventuellement soumettre le fond de leurs interventions à l'animateur, afin que ce dernier puisse orienter ses questions.

L'animateur prépare son animation de manière approfondie. Il doit faire des recherches de fond sur le sujet, afin de maîtriser le contenu. Il doit également connaître les intervenants et leurs points de vue, dans le but de les interroger à bon escient.

Le déroulé

En animation rationalisée, l'introduction est effectuée par l'animateur, qui présentera le ou les intervenants par leur nom et leur qualité. Les règles de fonctionnement sont souvent sous-entendues, voire prédéterminées, et non rappelées en début de réunion : il arrive donc fréquemment que l'animateur ait à les rappeler en cours de réunion. L'ordre du jour est toujours à communiquer aux participants, et fait partie intégrante de l'introduction

Les réunions de coconstruction animées en mode rationalisé accueillent des participants très préparés qui vont présenter leur point de vue, leur idéologie, leur volonté. Il existe un certain formalisme dans ce type d'intervention. Le temps de parole et l'ordre de passage sont prévus à l'avance. Ces réunions ressemblent à une succession d'informations descendantes, présentées par un animateur.

Le contenu

Les intervenants préparent leurs prises de parole en maîtrisant un contenu. Ils s'appuient sur des arguments solides et des démonstrations construites, (souvent) préalablement préparées. La clarté de leur prise de parole aura pour objectif de présenter et défendre devant une assistance (présente ou non, comme dans un débat télévisé) leur point de vue, leur idéologie ou leur volonté. Les questions posées par l'animateur peuvent parfois être communiquées à l'avance.

La volonté individuelle des participants est évidemment de convaincre du bien-fondé de leur point de vue. Leur prise de parole est à mi-chemin entre le prêche et le débat. La décision finale qui en découlera ne leur appartient pas. Elle reviendra, à terme, à un comité (groupe de personnes dont ils peuvent faire partie) ou à des personnes qui ont le pouvoir de statuer, comme par exemple des électeurs.

Le rôle et l'attitude de l'animateur

L'animateur est un bâton de parole neutre et impartial. Il distribue la parole aux différents intervenants prévus et gère le temps d'intervention.

- S'il est interventionniste, son rôle est d'orienter ses questions pour servir le contenu préparé par les participants.
- S'il y a des échanges entre les participants, il veille à les rendre plus fluides et à éviter les dérapages verbaux. Au besoin, il synthétise les prises de paroles, les modère, calme l'assistance et demande de clarifier des propos.

Enfin, l'animateur s'appuie, autant que possible, sur son charisme pour pouvoir s'imposer dans des joutes verbales parfois virulentes. Ses interventions auront pour objectifs de :

- poser les questions nécessaires au déroulement du débat ;
- recentrer les échanges sur le sujet ;
- gérer le temps de parole des différents intervenants ;
- modérer les propos des intervenants ;
- clarifier les propos et les rendre accessibles à tous ;
- éviter la cacophonie des prises de parole simultanées.

Exemple particulier d'animation rationalisée : les débats

Le débat entre deux parties (représentées par une ou plusieurs personnes) demande une énergie particulière à l'animateur, car la construction de la pensée est faite par ceux qui regardent le débat, des tiers : la confrontation des parties en présence permet à ces tiers de construire leur point de vue, en fonction de la résonance des arguments de chacun. L'objectif du débat est clair : confronter des idées à celles des autres, les argumenter et les défendre. Les tiers confronteront ces idées aux leurs et jugeront de leur pertinence.

Pour les débats, la salle doit permettre la confrontation entre les différentes parties, mais aussi la modération par l'animateur. Selon le nombre de participants, les réunions de confrontation animées peuvent prendre plusieurs configurations.

Les réunions de coconstruction animées en mode impliquant

Le mode d'animation impliquant est préconisé pour :

- collecter des points de vue plus émotionnels et affectifs, basés sur des valeurs (par exemple, une vision d'entreprise) ;
- recueillir des opinions plus subjectives ;
- mobiliser les freins et les motivations profondes des participants ;
- définir et composer avec les différents modes de pensées.

Ce type de réunion a pour objectif de faire partager des ressentis profonds et de faire naître une compréhension émotionnelle entre les individus. Regarder les autres membres d'une équipe de manière bienveillante et complémentaire à la sienne facilite l'intelligence collective.

Le contenu

Selon l'objectif de la réunion (confrontation de points de vue, réflexion stratégique sur le long terme, team building), l'animateur propose différents types d'exercices, adaptés à l'objectif de la session. Le contenu est donc produit par les participants, mais guidé par les exercices proposés par l'animateur. La prise de parole est beaucoup moins structurée et prendra différentes formes (orale, écrite, individuelle, en groupe, etc.). Au final, les idées sont entièrement montées et élaborées par le groupe et leur provenance n'est pas clairement déterminée. Ces idées, ainsi construites, peuvent être défendues par tous les membres du groupe qui ont participé à leur élaboration. Ce type de processus favorise l'adhésion au projet et la motivation des participants.

Le rôle et l'attitude de l'animateur

L'animateur tient un rôle très important dans l'animation impliquante : en toute neutralité, il guide les participants dans leur réflexion. Il permet des confrontations constructives et met le doigt sur les freins et motivations des participants. Il modère les échanges.

L'animateur propose des jeux, des outils, des exercices pour permettre aux participants de dépasser les idées convenues. Il met aussi en exergue des situations de blocage. En formation ou en coaching, il pourra donner des grilles de lecture aux participants pour réussir à les dépasser constructivement et à trouver des solutions. Il doit donc savoir provoquer et gérer des situations de crise réelles, ou construites pour l'exercice, dans le but d'apprendre à les dépasser.

Rappelons que la base de l'animation impliquante réside dans le savoir-faire de l'animateur, dans sa maîtrise des outils et dans son intelligence émotionnelle.

L'intelligence collective ou la coconstruction

Les réunions de coconstruction animées en mode impliquant dans une équipe visent à motiver les collaborateurs et permettent de créer du sens, en commun, autour d'un projet. Tous les membres ayant participé à ce type de processus sont prêts à faire des concessions, à intégrer et à défendre la vision construte par le groupe. Ce processus prend du temps, mais c'est un fort déclencheur de motivation intrinsèque.

Le déroulé

Le déroulé de ce type de réunion est souvent calqué sur le modèle des groupes de recherche de solutions animés en mode impliquant.

1. L'accueil des participants est chaleureux, pour contribuer à instaurer un climat de confiance. Afin de « décaler » les participants, l'animateur choisit un exercice qui sert son objectif. Avant même de commencer à animer, il travaille sur la cohésion du groupe.
2. Les participants se présentent eux-mêmes par un exercice proposé par l'animateur (par exemple avec un photolangage).
3. L'animateur introduit ensuite la réunion avec :
   - L'objectif de la réunion. L'animateur n'est pas dans l'obligation de soumettre son ordre du jour. Il a une certaine latitude quant au développement de sa session.
   - La durée : temps prévu et horaires des pauses. Cette information permettra aux participants de se projeter dans le temps et évitera les comportements d'échappement.
   - Les règles du jeu s'il y en a : règles à fixer par l'animateur (voir chapitre 3).
4. Tout au long de la réunion, l'animateur veille à respecter les besoins des participants pour les motiver à participer. Il les met à l'aise afin qu'ils dépassent leurs premières craintes ;

il met tout en œuvre pour leur donner envie de participer et de construire ensemble. La réunion est beaucoup moins formelle qu'en mode d'animation rationalisé. En effet, les animations impliquantes mettent en place une dynamique particulière en vue de rendre le travail en groupe plus efficace et plus constructif. L'animateur ne doit pas nécessairement connaître le sujet en profondeur. Il s'appuie sur le guide qu'il a préalablement construit, mais qui reste un outil très flexible et réadaptable en fonction du déroulé. Il aura également préparé des interventions/exercices en *back-up*, afin de savoir réagir à la dynamique créée ou non par le groupe. Il peut, en cours de réunion, se laisser surprendre par les intervenants, tout en gardant le recul et la neutralité nécessaires.

5. Enfin, ces réunions se terminent souvent par une prise de recul instaurée par l'animateur sur ce qui a été fait, sur les interactions qui ont eu lieu et sur la production du groupe.

En pratique

Les réunions impliquantes peuvent être ponctuées de respirations nommées « régulations du groupe ». Ces régulations permettent aux participants d'exprimer leur ressenti individuel, afin que les autres participants l'entendent et le prennent en considération.
En pratique, ce modèle de réunion est très souvent intégré dans un processus de coaching d'équipe.

Exemple particulier d'animation impliquante : le team building

Les réunions de team building ont pour objectif de constituer une équipe de travail. Il s'agit généralement de réunions longues d'un à plusieurs jours. Leur objectif est de resserrer les liens émotionnels entre les membres du groupe constitué, de les confronter ensemble à des difficultés, puis de développer leur esprit de solidarité afin de servir une énergie collective.

L'animation de ce type de réunion doit être confiée à des professionnels, souvent des coachs, car des erreurs d'appréciation peuvent vite être commises. L'animateur devra choisir des exercices et des activités ayant pour objectif :

- d'ouvrir les membres du groupe à une meilleure connaissance de l'autre ;
- d'avoir une vision plus objective et plus constructive des autres membres ;
- de faire naître une conscience collective et ainsi ouvrir l'accès à l'intelligence collective.

Les exercices mettant en compétition individuelle les participants sont à bannir. En revanche, les exercices permettant de valoriser les participants, de créer une réflexion en équipe, de développer un environnement sain de fournir des outils et une base de réflexion pour le travail d'équipe doivent être favorisés.

L'essentiel

- La réunion de coconstruction n'a pas d'objectif concret immédiat. Elle demande à ce que les intervenants construisent un projet ou une réflexion à plus ou moins long terme, qui aboutira à une prise de décision et à une mise en place d'actions.
- Dans ce type de problématique, le facilitateur a comme mission de faire avancer les réflexions pour coconstruire des visions sur le long termes.
- Ce type de réunion peut prendre la forme de débats permettant un partage d'idées, afin de faire évoluer les points de vue de chacun.
- Il peut également s'incarner dans un module d'intelligence collective, où la création commune prime sur la confrontation. L'animateur se repose sur des techniques qu'il maîtrise, afin d'amener les participants à construire ensemble, à partir des expériences et des points de vue de chacun.

Chapitre 11

Réagir aux difficultés du groupe en présentiel

Tous les animateurs sont, un jour ou l'autre, confrontés à des difficultés. En effet, l'animation de réunion repose sur une alchimie entre participants, environnement et animateur.

Parfois, les participants ne parviennent pas à rentrer dans la réunion parce qu'ils ont des problèmes à gérer par ailleurs. Il peut aussi arriver que l'environnement ne soit pas adapté : la salle est trop petite, les tables ne bougent pas, le chauffage est trop élevé, le matériel n'est pas prêt, etc. Parfois, l'animateur n'est pas au meilleur de sa forme... Bref, un tas de petits tracas peuvent troubler une réunion.

Confronté à un dysfonctionnement pendant une réunion, l'animateur ne saura pas forcément en déterminer directement la cause. La première réaction à lui suggérer est évidemment de garder son sang-froid : respirer profondément, expirer pleinement et bien garder ses deux pieds à plat sur le sol, afin d'être en contact avec du concret et des certitudes. La liste des difficultés traitées ici n'est pas exhaustive : la richesse de l'être humain étant infinie, il est toujours des situations difficiles à anticiper...

Les difficultés matérielles

Certaines difficultés peuvent facilement être anticipées (mais nul n'est infaillible) : ce sont les difficultés matérielles. Si la réunion est bien préparée, elles n'ont normalement pas lieu d'être. Cependant, l'animateur est humain et, pour des raisons dépendantes ou indépendantes de sa volonté, il peut y être confronté.

Ces difficultés matérielles peuvent être :

- une salle inadaptée ;
- un rétroprojecteur défectueux ;
- un document qui ne s'ouvre pas ;
- un chauffage ou une climatisation trop forte ;
- du matériel manquant (feuilles, stylos, feutres, chevalet...) ;
- la lumière qui ne s'allume pas, etc.

Généralement, ces éléments doivent être vérifiés avant la réunion. L'animateur doit avoir préparé sa salle, son matériel et testé ses outils. Cependant, il arrive qu'il soit invité dans un lieu qu'il ne connaît pas où il n'a pas pu vérifier ces éléments : dans ce cas, il se doit d'arriver au moins trente minutes à l'avance pour faire les dernières vérifications et avoir le temps de trouver une solution alternative.

La salle est inadaptée : trop grande, trop petite, les tables ne bougent pas et n'ont pas la bonne disposition.

- Essayer de trouver une autre salle. Demander à la personne qui invite s'il n'y a pas de lieu plus adapté.
- Réaménager la salle avec les moyens à disposition, seul ou avec le groupe (cela peut être un exercice de « chauffe » du groupe).
- Si la salle est trop petite, essayer de retirer des tables.
- Si elle est trop grande, modifier la disposition des tables, par exemple en les regroupant pour recréer un coin plus adapté.

Un rétroprojecteur défectueux : il ne s'allume pas, alors que l'animateur doit projeter une présentation.

- S'il n'y a pas d'autre rétroprojecteur, demander un grand écran d'ordinateur.
- Essayer de faire imprimer les pages nécessaires.
- Essayer de s'appuyer sur ses talents d'orateur : une projection est-elle vraiment utile ?

Des défaillances informatiques : l'ordinateur n'est pas compatible avec le rétroprojecteur/le document ne s'ouvre pas/la clé USB ne fonctionne pas, etc.

- Toujours prévoir une clé USB pour transférer la présentation sur un ordinateur prêté.
- S'envoyer un mail avec la présentation en pièce jointe, que l'on pourra récupérer sur sa messagerie.
- Héberger sa présentation sur un *cloud* (un serveur Internet, type Google documents).
- S'il risque de ne pas y avoir de connexion Internet, prévoir une version papier de soutien.
- Si aucune de ces solutions n'a été anticipée, soit l'animateur reporte la présentation, soit il est assez à l'aise pour se baser uniquement sur sa mémoire.

Du matériel manquant : il manque des feuilles, des stylos, des feutres, un chevalet… et l'animateur n'en a pas dans sa valise.

- Même à la dernière minute, demander dans les bureaux voisins s'ils ne peuvent pas dépanner le groupe.
- Envoyer le premier participant qui arrive en chercher.
- Si l'animateur a le temps, il peut aller en acheter.
- Au pire des cas, changer les exercices anticipés pour faire avec les moyens à disposition.

Un chauffage ou une climatisation trop forte :

- Régler la température de la salle en arrivant, de façon à ce qu'il ne fasse pas trop chaud. La chaleur endort les participants, le froid les vivifie (mais attention à ne pas les frigorifier !).
- Ouvrir la porte pour réguler la température.
- À chaque pause, ne pas hésiter à aérer.

La lumière ne s'allume pas :

- Changer de salle.
- Essayer d'avoir une salle avec la lumière du jour.
- Reporter la réunion. On peut rarement animer dans le noir...

Le groupe a du mal à s'exprimer

Lorsqu'un groupe a du mal à s'exprimer, l'animateur doit essayer d'analyser la situation et d'en ressentir la cause. Est-ce lié à l'environnement, au climat entre les participants, à la relation avec l'animateur ?

Mise en cause de l'animateur

Vos questions sont-elles claires ?

- Reformulez vos propos avec des phrases courtes et un vocabulaire simple.
- Changez de vocabulaire, de niveau de langage.
- Posez des questions courtes et directes.

Avez-vous un coup de fatigue ?

- Redonnez du dynamisme à votre voix.
- Levez-vous.
- Changez de posture pour créer un mouvement.
- Si vous êtes debout, asseyez-vous pour ouvrir un temps d'échange.

Comblez-vous trop les vides en posant d'autres questions ?

- Laissez le temps aux participants de prendre la parole.
- Utilisez le silence : il placera les participants en situation où ils devront combler le vide. Un participant finira par prendre la parole.

Mise en cause de l'environnement physique

Fait-il trop chaud dans la salle ?

- Si la température est un peu trop élevée, l'animateur ressentira lui-même cette fatigue. Baisser la température si c'est possible ; ouvrir la porte ou la fenêtre.

Est-ce au sortir de déjeuner ? En début de matinée ?

- Prévoir un exercice *energizer*, qui fasse bouger les participants.

Mise en cause du climat entre les participants

Le manager est-il dans la salle ? Est-ce le manager qui anime ?

- Les participants n'osent pas s'exprimer à cause du politiquement correct ou des conséquences que leurs propos peuvent avoir.
- Si le manager anime, le mieux sera de déléguer la prochaine réunion afin qu'il n'y assiste pas.

Y a-t-il des conflits entre les participants ?

- Si l'animateur sent des tensions entre les participants, il peut faire des groupes de travail en veillant à séparer les personnes en conflit.

Mise en cause de la culture d'entreprise et des expériences passées

Comment se passe le suivi des réunions, habituellement ? Ce qui est dit influe-t-il ? Le décisionnaire prend-il ses décisions sans considérer ce qui s'est passé pendant la réunion ?

- Il arrive souvent, dans les entreprises, que les réunions ne servent à rien. Les participants alertent, avertissent et exposent leur point de vue… mais, au final, le décisionnaire prend sa décision sans se référer à ce qui a été dit : la réunion n'est alors qu'un alibi sans conséquence et les participants n'ont plus envie de participer. Dans ce cas, il faut arrêter de faire des réunions.
- Si le décisionnaire réalise l'importance du point de vue des équipes, il peut faire appel à un animateur interne, non impliqué dans la prise de décision, ou à un animateur externe qui ira chercher les points de vue de tous.

La réunion tourne en rond

Le temps passe et les discussions n'avancent pas :

- Lorsque l'animateur se rend compte d'une telle situation, il doit réussir à passer à autre chose. Pour cela, il reprend la parole, fait un résumé dynamique de ce qui vient d'être dit et avance dans la foulée dans son ordre du jour, sans laisser le groupe réagir.
- Il peut s'aider de phrases comme : « Je vois que le temps passe. J'ai bien noté que…, mais à présent, je voudrais aborder… ».

Les participants n'arrivent pas à trouver un accord :

- L'animateur peut noter le point de désaccord sur le *paper board*, afin de signifier aux participants qu'il l'a bien notifié. Il passe ensuite au point suivant.
- Si ce point doit absolument être résolu avant de passer à la suite, l'animateur peut se tourner vers le décisionnaire pour trancher.
- L'animateur peut noter l'argumentation de chacun des points de vue et décider d'y revenir plus tard, s'il reste du temps.

Un participant bloque :

- L'animateur peut essayer de résoudre le problème, sans pour autant y consacrer trop de temps.
- Il peut laisser le participant dans son coin et traiter le problème à la pause.
- S'il en a le pouvoir, il peut exclure le participant de la réunion et régler le problème en entretien, par la suite.

Tous les participants bloquent :

- L'animateur leur demande de s'exprimer sur la situation et de faire des propositions de solutions pour continuer à avancer.
- Il poursuit en mettant en place un compromis de fonctionnement dans lequel tout le monde peut se retrouver.

Le sujet dévie

Il arrive que les participants profitent d'une réunion pour exprimer leur point de vue sur un tout autre sujet. Ce type d'intervention faisant appel à l'émotion des participants, l'animateur peut avoir du mal à s'en sortir. Si l'intervention exprime la colère, par exemple, l'animateur ne pourra pas l'évacuer sans l'avoir écouter. En revanche, si cela n'a aucun rapport avec le sujet traité, il ne devra pas répondre : il signifiera qu'il a entendu, mais que ce n'est ni le lieu ni le moment de répondre à cela. Il doit ensuite laisser la possibilité d'en rediscuter ultérieurement.

Le hors-sujet peut également venir d'un enchaînement de discussions qui dévient au fur et à mesure. Dès que l'animateur se rend compte qu'un sujet dévie, il doit intervenir avant que la discussion n'aille trop loin, pour recentrer rapidement le sujet. Par exemple, si un participant intervient hors du sujet, il peut lui demander : « Quel est le lien avec le sujet ? Qu'est-ce qui vous amène à penser à cela ? »

Le groupe s'ennuie

Par l'écoute du non-verbal, si l'animateur réalise que le groupe s'ennuie, il doit de nouveau attirer l'attention des participants :

- en redynamisant son discours ;
- en jouant sur la gestuelle, en se déplaçant dans la salle ; en modulant le ton de sa voix, en utilisant des phrases courtes et percutantes, des formules chocs qui interpellent ;
- en passant au mode interrogatif, en changeant de ton et en « jouant » davantage l'interaction avec les participants ;
- en passant d'un mode d'animation rationnel à un mode impliquant ;
- en proposant un nouvel exercice pour créer une dynamique nouvelle, par exemple, en leur demandant d'échanger avec leur voisin ;
- en faisant bouger les participants dans la salle (quand c'est possible).

Le groupe est trop dynamique

La participation trop active des participants peut provoquer une émulation difficile à contrôler : ils se mettent tous à parler en même temps, on n'entend plus ce qu'ils ont à dire, etc. L'animateur doit alors reprendre le dessus et calmer les énergies en :

- indiquant verbalement au groupe qu'il ne peut pas écouter tout le monde en même temps ;
- se levant afin de signifier au groupe qu'il est en reprise de contrôle ;
- interpellant le groupe par un « S'il vous plaît ! » ou par un silence prolongé, en regardant les participants avec un sourire ;

- s'appuyant sur la gestuelle : par exemple, en faisant un signe de temps mort ou de ralentissement (main tendue, avec de petits allers-retours de haut en bas) ;
- rappelant les règles du jeu énoncées en début de groupe ;
- choisissant d'utiliser le chevalet et d'y inscrire quelque chose, afin d'attirer l'attention des participants sur son action (par exemple, écrire une nouvelle consigne). Il reprend ensuite la parole sur un ton calme et baisse fortement le niveau sonore de son intervention ;
- modifiant le type d'exercice pour un travail individuel ou en sous-groupes.

Certains participants polluent le groupe

Parfois, un groupe peut être perturbé par des comportements individuels. Généralement, l'animateur ne doit pas intervenir dès la première incartade : les participants ne sont pas des machines ! En revanche, si le comportement persiste, il doit intervenir : d'abord par une communication non verbale, puis verbalement si cela ne fonctionne pas.

Un participant monopolise la parole

Parce qu'il est bavard

Les interventions des bavards sont fréquentes et nombreuses. Le participant bavard ne souhaite pas s'imposer dans le groupe, mais considère qu'il a des choses à dire. Il a peur du silence et le stress le pousse à parler. L'animateur devra :

- au début, prendre le temps de l'écouter ;
- résumer et synthétiser ses interventions ;

- canaliser ses interventions ;
- se détourner légèrement pour lui signifier qu'il ne souhaite pas qu'il s'exprime ;
- donner la parole aux autres participants avant même la fin de la question (par exemple, en interpellant la personne qui devra s'exprimer en premier) ;
- se rapprocher du bavard pour qu'il se taise, voire se poster derrière lui ;
- si toutes ces interventions non verbales ne suffisent pas, lui dire gentiment et avec le sourire pour ne pas le froisser (on peut toujours avoir besoin de lui si personne ne s'exprime !) : « Et si on demandait l'avis des autres, qu'en pensez-vous ? »

Parce qu'il s'impose comme le leader du groupe

Ce participant a davantage de charisme, parle clairement et risque d'étouffer les propos des autres participants, qui se rallieront à sa cause. Il aurait aimé être à la place de l'animateur pour prendre le pouvoir :

- l'animateur devra alors atténuer son *leadership*, afin que tout le monde trouve sa place dans le groupe, par exemple en lui demandant de parler en dernier ;
- il pourra l'ignorer en s'adressant et en relançant les autres membres du groupe ;
- à l'inverse, si rien ne fonctionne, il pourra entrer dans le jeu de ce leader jusqu'à ce qu'il ait totalement terminé son point et puisse laisser la parole aux autres.

Parce qu'il pense être expert

Ce participant pense avoir une bonne connaissance du sujet et juge son avis pertinent. Il fait peur aux autres participants, qui pensent en savoir moins que lui :

- l'animateur devra désamorcer son expertise en lui demandant d'expliquer son raisonnement et ses affirmations ;
- souvent, connaissances et opinions sont mélangées dans ses propos : l'animateur veillera donc à isoler les faits et à souligner ce qui est de l'ordre de l'opinion. Il rappellera au groupe que « chacun a le droit d'avoir ses opinions ».

Un participant ne s'exprime pas ou ne veut pas participer

Parce qu'il est timide

Souvent, les personnes timides ont envie de parler, mais n'osent pas intervenir. L'animateur doit donc surveiller les informations non verbales envoyées par ce type de participant :

- il n'hésitera pas à lui poser directement des questions ;
- il interpellera ce participant par son prénom : se sentant écouté et encouragé, celui-ci se mettra à parler ;
- il lui exprimera qu'il attend son intervention par un regard soutenu ;
- il fera un tour de table pour recueillir son avis.

Parce qu'il est en désaccord

Le participant en désaccord peut refuser de s'exprimer. Dans ce cas, il adoptera une posture fermée et son langage corporel parlera pour lui. Il pourra exprimer son désaccord par des mimiques explicites : lever les yeux au ciel, soupirer, hausser les épaules...

- Si l'animateur juge que cette réaction peut être constructive pour le groupe, il l'interrogera sur son comportement non verbal.
- S'il ne juge pas opportun de comprendre ce désaccord – par exemple, s'il n'a pas le temps de le relancer –, l'animateur peut choisir d'ignorer ce comportement.

Parce qu'il n'adhère pas au processus

Il s'agit souvent de quelqu'un qui n'aime pas le changement : il ne veut pas participer, ne voit pas l'intérêt de la réunion et exprime clairement ses freins. Finalement, il est présent parce qu'on l'y a obligé. Si les freins en question concernent le sujet de la réunion :

- L'animateur devra écouter ce participant et exprimer son empathie : « Je comprends que cela puisse vous inquiéter... ».
- Ensuite, il le rassurera en lui expliquant la démarche, voire le bienfait de ce type de réunion. Le participant ne changera pas totalement son comportement, mais se sentant considéré, il pourra être rassuré et polluera moins le groupe. Quoi qu'il en soit, l'animateur évitera de lui demander son avis en premier, au risque de voir les autres participants se faire influencer.

Traiter les objections

L'objection est généralement une phrase affirmative le plus souvent impersonnelle, qui commence par « ce », « ça », « c' », ou encore « on ».

- L'animateur ne doit pas prendre cette affirmation pour lui. La méthode la plus simple pour gérer ce type de réaction est de demander des précisions au participant. Le « ce, ça, c', on » correspond à quoi, précisément ? À qui ? Faites-lui clarifier sa question, sans le braquer.
- Le participant devra donc préciser sa pensée et s'impliquer davantage dans sa réponse.
- Généralement, la réponse qu'il donnera ne l'impliquera pas directement.
- L'animateur peut ainsi reformuler la question et la lui retourner : « Et vous, que proposez-vous ? »

Ainsi, la dynamique entraînée est inversée. D'un pavé destructeur, la réponse devient une pierre apportée à l'édifice !

Si les freins concernent le mode d'animation impliquant, qui fait appel à des techniques qu'il ne connaît pas :

- L'animateur doit anticiper ce type de réaction en amont de la réunion. Dès le début, il rassure les participants quant au processus et les prévient que les méthodes utilisées peuvent les surprendre. À ce moment-là, il demande un accord de principe sur l'utilisation de ces techniques.
- Une fois cet accord donné (en faisant un tour de table rapide, pour que chacun donne son accord), il y a peu de chance qu'un participant remette en cause les techniques utilisées : il a donné son accord et ne peut pas revenir en arrière.

Si l'animateur a oublié de prendre cette précaution en amont, il doit pouvoir réagir à ce type de comportement :

- Dans tous les cas, il évite de donner raison au participant.
- Il lui demande comment il aimerait participer.
- Il lui explique le processus de réunion le plus rationnellement possible : il rappelle qu'il a du temps à passer en sa (leur) compagnie et qu'il va essayer de le rendre le plus productif possible, puis passe à autre chose.
- À la pause, ou pendant un exercice en sous-groupes, l'animateur revient vers le participant et essaie de comprendre ce qui le gêne. Il écoute avant d'argumenter et de personnaliser la réponse. En effet, en prenant à part ce type de participant, l'animateur lui signifie toute l'importance qu'il lui porte. Hors du regard des autres, le participant acceptera tacitement de revoir sa position.

Parce qu'il est distrait par un élément perturbateur

Une des règles les plus importantes à énumérer en début de réunion concerne les téléphones portables. Sont-ils ou non tolérés pendant la réunion ? En silencieux ?

- Si rien n'a été dit en début de réunion, il faut accepter que les participants continuent à être connectés. Ils jettent des coups d'œil à leur téléphone, voire reçoivent des appels ! Cette limite de bon sens est rarement franchie mais, dans ce cas, l'animateur peut regarder fixement le participant, tout en continuant à parler pour lui signifier le code tacite. Il peut aussi s'interrompre et exprimer clairement, sur le ton humoristique : « Ah, Pierre a un appel. On va peut-être attendre qu'il termine... »
- Si une règle a été formellement énoncée (par exemple, laisser les téléphones en silencieux ou les éteindre), on peut rappeler à l'ordre les participants en spécifiant que la pause servira, entre autres, à cela.
- Si un participant insiste en expliquant qu'il attend un appel ou un message très important, l'animateur doit le tolérer et peut lui donner directement l'autorisation de sortir pour prendre son appel quand il le recevra. Cela servira à sanctifier l'intérieur de la salle.

Un participant a du mal à s'exprimer

Parce que ses idées ne sont pas claires

- L'animateur l'aide en lui posant des questions de clarification : « Qu'est-ce que vous ne comprenez pas ? Qu'est-ce qui vous dérange ? »
- Les autres participants ou l'animateur expliquent.

Parce que son débit de parole est lent

Certaines personnes ont un débit de parole extrêmement lent. Souvent, ce type d'intervention est coupé par une personne plus prolixe. L'animateur se doit d'écouter ces interventions, mais attention aux interventions lentes et creuses ! Elles risquent de casser la dynamique de groupe.

- La relance orale du participant est à l'appréciation de l'animateur.
- Si son discours, très lent, apporte une réelle contribution au groupe, l'animateur peut demander régulièrement son avis.
- Si, au contraire, il n'apporte généralement rien de neuf, l'animateur peut choisir de le relancer plus rarement.
- Enfin, l'animateur peut opter pour un exercice écrit individuel, afin de laisser le temps à chacun de s'exprimer.

Parce qu'il a besoin de réfléchir avant de parler

Certaines personnes ont besoin de temps avant de s'exprimer. Elles ont besoin d'élaborer leur discours avant de prendre la parole. Aussi, elles s'exprimeront moins fréquemment mais plus longuement, et généralement avec beaucoup de sens.

Attention à ne pas confondre les participants qui n'ont pas de réel avis et les participants qui ont besoin d'élaborer leur pensée. Les deux modes de fonctionnement ne doivent pas être traités de la même manière par l'animateur. Celui qui n'a pas d'avis devra être interrogé dans les premiers afin de le pousser à trancher. En revanche, pour celui qui élabore sa pensée, l'animateur veillera à revenir vers lui et à le relancer après les autres pour lui laisser le temps dont il a besoin.

Un participant commente les interventions des autres ou de l'animateur

Certains participants peuvent faire preuve d'un certain cynisme et, parfois, être agressifs : ils cherchent le conflit et attendent qu'on leur pose une limite. Dans ce cas, l'animateur ne doit surtout pas se laisser emporter sur le terrain de l'agressivité, et doit garder son calme.

- Une petite remarque cassante avec le sourire, en réponse à une intervention peu constructive, peut s'avérer très efficace.

Cependant, ce type de réaction demande un certain bagou et n'est pas facile à maîtriser.

- L'animateur peut choisir d'ignorer ces remarques, mais risque alors de perdre son ascendant sur la totalité du groupe, parce qu'il ne se sera pas fait respecter.
- L'animateur peut également décider d'interpeller directement le participant, mais avec beaucoup de calme, , afin de lui signifier que son comportement n'est pas constructif pour le groupe. Il lui demandera clairement ce qui le dérange. En crevant l'abcès, l'animateur met toutes les chances de son côté pour réussir à continuer plus sereinement.
- Enfin, si les autres participants se sentent attaqués et froissés par ce participant, l'animateur peut lui demander de quitter la réunion.

Un participant parle en même temps que les autres

Certains participants parlent sans cesse avec leur voisin. Ils ne respectent pas la parole des autres et polluent la capacité auditive de l'animateur. S'il veut pouvoir continuer à se concentrer, l'animateur doit intervenir.

- Il rappellera les règles du jeu énoncées en début de groupe (pas d'aparté).
- Il continuera à écouter la personne qui parle en tendant une main (qu'il garde tendue) vers celui qui chuchote. Il lui signifiera qu'il reviendra vers lui dès que la personne aura terminé.
- À la fin de l'intervention, il interrogera les personnes qui chuchotaient pour savoir ce qu'elles se disaient. Si cela avait un rapport avec le sujet, elles s'exprimeront ; si cela n'en avait pas, elles réfléchiront à deux fois avant de recommencer.

L'essentiel

- Tout animateur est confronté un jour ou l'autre à des difficultés d'animation. Elles peuvent être d'ordre matériel, concerner la dynamique de groupe et le climat, ou encore être le fait d'individus isolés (animateur inclus).
- Quelle que soit la situation, l'animateur doit savoir réagir avec un maximum de bagou et de sang-froid. L'humour est un excellent allié.
- Il n'y a pas réellement de méthode pour maîtriser ces situations ; cependant, l'animateur a des armes :
  - l'intensité de sa voix ou son silence ;
  - le ton de sa voix ;
  - sa gestuelle ;
  - ses mimiques ;
  - ses déplacements ;
  - ses rapprochements ;
  - ses regards.
- Chacun de ces alliés lui apportera un poids supplémentaire et un ascendant sur les participants. Il veillera à varier les techniques et les tonalités, afin de jouer sur différents plans avec les participants.

Partie 3

Le mode d'emploi des réunions en distanciel

Chapitre 12

Enjeux et spécificités des réunions à distance

Au-delà de la modalité (à distance *vs.* en présentiel), plusieurs aspects différencient fondamentalement une réunion à distance d'une réunion en présentiel. Ces différences touchent à la dynamique de groupe, à l'engagement des participants, à la gestion de la communication et à l'utilisation des outils.

Dynamique de groupe

Présence physique vs. présence virtuelle

- En présentiel, la communication non verbale (gestes, regards, posture) joue un rôle clé dans la dynamique de groupe. Les participants peuvent réagir immédiatement aux signaux non verbaux, ce qui facilite les interactions spontanées et la lecture de l'atmosphère générale de la réunion.

- À distance, la présence virtuelle limite ces interactions non verbales. Les participants sont souvent réduits à des images sur un écran, ce qui peut atténuer l'impression de connexion et rendre plus difficile la lecture des intentions ou des réactions des autres.

> **À savoir**
>
> En distanciel, les risques d'incompréhensions sont multipliés. Pour limiter ces difficultés, l'animateur doit être particulièrement attentif à :
> – reformuler les propos pour éviter les ambiguïtés ;
> – rester attentif à chaque participant pour détecter les signes de confusion ;
> – orchestrer activement les interactions pour éviter que certains participants ne restent en retrait ;
> – se rendre disponible pour répondre aux questions ou clarifier les échanges en temps réel.

Cohésion et interaction

- En présentiel, les interactions sociales avant, pendant et après la réunion renforcent la cohésion de groupe et facilitent la création de liens informels. Ces interactions sont plus fluides et moins formelles.
- À distance, les interactions sont souvent plus formelles et peuvent manquer de spontanéité. Les échanges sociaux informels sont réduits, ce qui peut affecter la cohésion d'équipe à long terme.

Engagement des participants

Concentration et distractions

- En présentiel, l'environnement physique dédié à la réunion aide à maintenir la concentration des participants. Les distractions externes sont généralement minimisées.

- À distance, les participants peuvent être plus facilement distraits par leur environnement domestique, des notifications, ou d'autres tâches. Il est plus difficile de maintenir l'attention sur la réunion, surtout si celle-ci est longue.

Participation active

- En présentiel, la pression sociale et l'interaction directe peuvent encourager une participation plus active. Les animateurs peuvent facilement voir qui est engagé ou désengagé et réagir en conséquence.
- À distance, certains participants peuvent rester passifs ou se déconnecter mentalement sans que cela soit immédiatement perceptible par l'animateur. L'anonymat relatif derrière un écran peut réduire l'implication active.

Gestion de la communication

Fluidité de la communication

- En présentiel, les discussions peuvent être plus fluides, avec des interruptions gérées naturellement et une capacité accrue à réagir en temps réel aux autres participants.
- À distance, les discussions peuvent être plus saccadées. Les délais technologiques, les interruptions dues à des problèmes de connexion, et la difficulté à lire les signaux non verbaux peuvent créer des malentendus ou ralentir la communication.

Prise de parole

- En présentiel, les participants peuvent plus facilement intervenir spontanément. Les échanges sont souvent plus dynamiques, avec des allers-retours rapides entre les participants.

- À distance, la prise de parole est souvent plus structurée. Les participants doivent généralement indiquer qu'ils souhaitent parler (par exemple, en utilisant une fonction de levée de main virtuelle), ce qui peut freiner la spontanéité et allonger les temps de réponse.

Utilisation des outils

Technologie et accessibilité

- En présentiel, l'animateur peut utiliser des outils physiques (paperboards, documents imprimés) pour soutenir la réunion. Les participants interagissent directement avec ces supports.
- À distance, l'animateur doit s'appuyer sur des outils numériques (tableaux blancs virtuels, partages d'écran, sondages en ligne, slides PowerPoint) pour maintenir l'interaction. Ces outils peuvent être moins intuitifs et nécessiter une familiarisation préalable.

Gestion des documents et du partage d'informations

- En présentiel, les documents peuvent être distribués physiquement, et les annotations peuvent être faites directement sur des supports partagés.
- À distance, le partage d'informations se fait uniquement par voie numérique. Les participants doivent jongler entre plusieurs écrans ou documents, ce qui peut rendre la gestion de l'information plus complexe.

Suivi et compte rendu

Immédiateté du feedback

- En présentiel, le feedback est souvent immédiat et peut être recueilli informellement après la réunion, dans des discussions de couloir ou à la pause-café.
- À distance, le feedback est plus formel et souvent recueilli via des sondages en ligne ou des e-mails. Les échanges informels sont plus rares, ce qui peut retarder le retour d'information.

Suivi post-réunion

- En présentiel, les actions décidées en réunion peuvent être discutées immédiatement après la session avec les collègues présents, facilitant ainsi leur mise en œuvre rapide.
- À distance, le suivi dépend fortement de la communication numérique (e-mails, plateformes de gestion de projets), ce qui peut créer des délais ou des malentendus si les instructions ne sont pas claires.

En somme, une réunion à distance nécessite une adaptation des techniques d'animation pour compenser l'absence de contact direct, maintenir l'engagement des participants, et garantir une communication claire et efficace. Le rôle de l'animateur est particulièrement crucial pour orchestrer ces réunions et assurer qu'elles restent productives malgré les défis inhérents au format virtuel.

L'animateur de réunion en distanciel joue un rôle crucial dans la structuration et la dynamique de la réunion. Il doit maîtriser les outils numériques, encourager une participation active, et utiliser des techniques spécifiques pour maintenir l'attention et l'engagement des participants. Le succès d'une réunion à distance repose en grande partie sur l'aptitude de l'animateur à ajuster ses pratiques et à prévoir les spécificités et obstacles liés à ce mode de communication

Focus sur les réunions longues à distance

Une réunion longue est généralement une réunion qui dépasse la durée habituelle de 60 à 90 minutes. Ce type de réunion peut durer plusieurs heures (voire une journée) et est souvent nécessaire pour traiter des sujets complexes ou détaillés qui ne peuvent pas être abordés rapidement.

Caractéristiques d'une réunion longue

- **Durée** : souvent plus de deux heures, et parfois une demi-journée ou une journée complète.
- **Contenu** : formatons, avant plusieurs sujets ou un sujet très complexe nécessitant une discussion approfondie, des analyses, des décisions, et potentiellement des sous-groupes de travail.
- **Participation** : peut impliquer un grand nombre de participants ou nécessiter la présence de plusieurs intervenants, chacun ayant un rôle spécifique à jouer.
- **Objectifs** : résoudre des problèmes complexes, élaborer des stratégies, planifier des projets à long terme, ou passer en revue des documents importants.

Exemples de réunions longues

- **Séminaires ou ateliers** : où les participants travaillent sur un thème spécifique pendant plusieurs heures, avec des pauses et des sessions interactives.

- **Réunions de planification stratégique** : impliquant une analyse approfondie de l'entreprise, de ses objectifs et de ses stratégies.
- **Sessions de formation ou de développement** : où les participants reçoivent une formation intensive sur un sujet particulier.

Gestion des réunions longues

- **Planification des pauses** : intégrer des pauses régulières pour éviter la fatigue mentale.
- **Segments courts et interactifs** : diviser la réunion en segments plus courts avec des activités interactives pour maintenir l'engagement.
- **Gestion du temps** : respecter un timing strict pour chaque segment afin de ne pas perdre de vue les objectifs de la réunion.

Pourquoi éviter les réunions longues quand c'est possible

- **Fatigue et perte de concentration** : les participants peuvent se fatiguer mentalement et avoir du mal à rester concentrés sur des discussions prolongées.
- **Baisse de productivité** : la qualité des contributions peut diminuer au fil du temps, surtout si la réunion n'est pas bien structurée.

Si une réunion longue est inévitable, il est crucial de bien la structurer et de maintenir l'engagement des participants tout au long de la session.

L'essentiel

- Les réunions en présentiel permettent des interactions spontanées et renforcent la cohésion grâce à la communication non verbale et à un environnement dédié qui limite les distractions. À distance, les échanges sont plus structurés et formels, souvent ralentis par des contraintes technologiques, et les participants sont plus exposés aux distractions.
- Les outils physiques en présentiel offrent une simplicité d'utilisation, tandis qu'à distance, les outils numériques nécessitent une maîtrise préalable. Enfin, le feedback en présentiel est immédiat et informel, alors qu'il est souvent formalisé et retardé dans un cadre virtuel.
- Adapter l'animation à chaque format est essentiel pour en maximiser les forces et limiter les faiblesses.

Chapitre 13

Préparer une réunion à distance

La préparation d'une réunion à distance demande une attention particulière pour garantir l'engagement des participants, le bon fonctionnement des outils technologiques et l'atteinte des objectifs.

Une réunion à distance ne s'improvise pas : elle demande une préparation importante. L'animateur / le manager / le chef de projet doit être particulièrement attentif à :

- reformuler les objectifs de la réunion de manière claire ;
- préparer les interactions pour inclure tous les participants ;
- prévoir des moments de feedback pour répondre aux questions ou clarifier les points complexes.

Définir les objectifs de la réunion

- **Objectifs clairs** : identifiez précisément ce que vous souhaitez accomplir (prise de décisions, résolution de problèmes, transmission d'informations, etc.).

- **Résultats attendus** : précisez les livrables ou conclusions attendues, comme un plan d'action ou des idées concrètes.

Planifier la réunion

- **Date et heure** : choisissez un créneau qui convient à tous, en tenant compte des fuseaux horaires si besoin. Utilisez des outils comme Doodle pour faciliter la coordination.
- **Durée adaptée** : ne dépassez pas 60 à 90 minutes pour éviter la fatigue.
- **Invitations et ordre du jour** : envoyez des invitations détaillées (date, heure, lien de connexion, et ordre du jour) via des outils comme Google Calendar ou Outlook.

Choisir et configurer la technologie

- **Plateforme adaptée** : sélectionnez un outil de visioconférence qui offre les fonctionnalités nécessaires (partage d'écran, sous-groupes, sondages).
- **Tests techniques** : vérifiez à l'avance le bon fonctionnement de la plateforme et encouragez les participants à faire de même.
- **Supports numériques** : préparez les documents, présentations ou boards nécessaires et assurez qu'ils sont facilement accessibles.

Anticiper et gérer les imprévus techniques

- **Avant la réunion** : effectuez un test technique avec vos coanimateurs pour identifier et résoudre les problèmes potentiels liés à la connexion, au matériel ou aux outils. Préparez un plan B, comme une ligne téléphonique pour les participants en difficulté.
- **Pendant la réunion** : désignez un support technique pour gérer les problèmes en temps réel sans perturber l'animation principale. Communiquez régulièrement dans le chat pour orienter les participants qui rencontrent des obstacles.
- **Après la réunion** : si des participants ont été déconnectés ou absents, partagez un résumé détaillé ou un enregistrement. Cela assure qu'aucune information clé n'est manquée.

Préparer l'ordre du Jour

- **Structure claire** : définissez les sujets, les intervenants et le temps alloué à chaque point. Prévoyez des moments d'interaction et de questions.
- **Partage anticipé** : envoyez l'ordre du jour en avance pour permettre aux participants de se préparer.

L'animateur joue un rôle central dans la préparation de la réunion. Voici les étapes essentielles à suivre :

- Inclure chaque participant dès la phase de planification, en veillant à leur pertinence par rapport à l'objectif.
- Préparer et synthétiser les informations à transmettre pour éviter toute confusion.
- Détailler les points de discussion à aborder pour structurer la réunion.
- Favoriser la circulation de la parole en anticipant les dynamiques du groupe.
- Prévoir une conclusion claire pour synthétiser les échanges et définir les prochaines étapes.

Engager les participants avant la réunion

- **Préparation préalable** : demandez aux participants de lire des documents ou réfléchir à des points précis pour favoriser des échanges actifs.
- **Sonder les attentes** : recueillez leurs suggestions ou besoins via un sondage préalable pour adapter l'ordre du jour.

Planifier l'animation et la dynamique de la réunion

- **Techniques d'engagement** : préparez des activités interactives (sondages, ateliers en sous-groupes). Définissez les règles de prise de parole (chat, levée de main virtuelle).
- **Gestion du temps** : désignez un gardien du temps pour éviter les débordements et maintenir le rythme.

Conduire un briefing pré-réunion

- **Aligner les coanimateurs** : organisez une réunion préparatoire pour clarifier les rôles et l'ordre du jour.
- **Vérification finale** : effectuez une dernière vérification des supports et de la technologie avant de commencer.

Rappel aux participants

La veille ou le jour même, envoyez un rappel avec les informations clés.

Juste avant l'animation

Dernier check-in personnel : prenez quelques minutes pour ajuster votre espace de travail et vous recentrer sur les objectifs.

L'essentiel

- Pour réussir une réunion à distance, définissez des objectifs engageants afin de donner une direction claire à la réunion et d'en maximiser l'efficacité. Anticipez les défis techniques en testant les outils numériques à l'avance et en préparant une solution alternative pour éviter tout blocage en cas d'imprévu.
- Structurez un ordre du jour dynamique en intégrant des moments d'interaction réguliers pour maintenir l'attention et l'implication des participants.
- La préparation reste la clé d'une réunion à distance réussie.

Chapitre 14

Concrètement, comment animer en distanciel ?

L'animation d'une réunion à distance demande une approche adaptée pour compenser l'absence de contact physique et créer un environnement virtuel engageant. Structurer les échanges, dynamiser les interactions et s'appuyer sur des outils numériques sont des clés pour réussir ce type de réunion. Ce chapitre explore les rôles essentiels, les techniques d'animation et les scénarios interactifs pour rendre vos réunions en distanciel efficaces et productives.

Principes fondamentaux pour animer une réunion en distanciel

Animer une réunion à distance repose sur trois principes essentiels : maintenir l'engagement des participants, structurer les échanges et gérer efficacement le temps.

1. **Inclure** les participants dans la réunion en prévoyant un moment où chacun prend la parole soit pour se présenter,

soit à travers un petit exercice servant de sas entre le temps d'avant la réunion et la réunion elle-même.

Exemple d'inclusion :

- Présenter une image telle que celle-ci à l'écran.
- Cette image peut être remplacée par tout autre image montrant des expressions différentes, des objets sur lesquels on peut projeter des états différents.
- Poser ensuite une question du type : quel smiley êtes-vous aujourd'hui ? ou dans quel Smiley vous reconnaissez-vous aujourd'hui ?
- Faire parler tout le monde. Dans les grands groupes, cela peut être remplacé par un geste en simultanée pour que chacun ait l'opportunité de s'exprimer.

2. **Maintenir l'engagement** : en distanciel, les participants sont souvent soumis à des distractions. L'animateur doit instaurer une dynamique participative en intégrant des moments interactifs. Ces micro-interactions, comme des sondages, des quiz ou des tours de table, permettent de stimuler l'attention et d'éviter les décrochages.
3. **Structurer les échanges** : les réunions virtuelles, sans cadre physique partagé, nécessitent des règles claires. Dès le début, l'animateur doit préciser les modalités d'intervention (prise de parole, chat, levée de main virtuelle) et encourager la participation dans un cadre organisé.

Techniques pour contrer la fatigue numérique et maintenir l'énergie

La fatigue numérique est un défi majeur des réunions à distance. Travaillez votre déroulé pour l'anticiper et la déduire :

- **Introduire des pauses actives** : toutes les trente à quarante cinq minutes, proposez une pause interactive où les participants peuvent s'étirer ou répondre à une question légère et

engageante. Cette pause virtuelle permet de relâcher l'attention, très sollicitée à distance, pendant un instant.
- **Alterner les formats** : variez entre des présentations visuelles, des discussions ouvertes et des activités interactives (sondages, ateliers). Cette variété stimule l'attention.
- **Limiter les longues présentations** : réduisez les interventions statiques à dix à quinze minutes maximum avant d'inviter des interactions.

4. **Gérer le temps** : la fatigue numérique peut rapidement impacter la qualité des échanges. Divisez la réunion en segments courts (vingt à trente minutes), intégrez des pauses régulières et utilisez un minuteur visible pour aider les participants à suivre le rythme et à maintenir leur énergie.

La partie la plus difficile de l'animation à distance est **d'anticiper l'ingénierie** de la réunion, de prévoir les modalités d'interactions et les exercices proposés au regard du temps dont on dispose. Il faudra ensuite veiller à les intégrer dans un tableau blanc pour que pendant la réunion ils soient révélés au fur et à mesure et ainsi maintenir l'effet de surprise et l'engagement des participants.

Une préparation minutieuse est essentielle pour assurer une dynamique fluide et productive, surtout à distance.

Les rôles clés pour une animation fluide

Répartir les rôles est essentiel pour garantir une gestion optimale des réunions à distance. Plusieurs responsabilités sont à répartir :

- **L'animateur principal** : chef d'orchestre de la réunion, il conduit les discussions, veille au respect de l'ordre du jour et s'assure que les objectifs sont atteints. Son rôle inclut également la gestion de la dynamique de groupe, en reformulant les idées et en clarifiant les points d'échange.

- **Le modérateur ou coanimateur** : véritable soutien de l'animateur, il gère les questions dans le chat, distribue la parole et intervient en cas de désaccords pour apaiser les tensions. Il joue aussi un rôle clé dans la résolution de petits problèmes techniques qui pourraient ralentir la réunion.
- **Le gardien du temps** : son rôle consiste à surveiller le respect de l'agenda et à alerter l'animateur principal en cas de dérive. Il peut proposer des ajustements pour rester dans les limites horaires prévues.
- **Le preneur de notes** : voir Chapitre 3 pour un rappel des rôles en réunion.
- **Le support technique** : ce rôle est essentiel pour assurer le bon fonctionnement des outils numériques. Il aide les participants en difficulté à se connecter et résout rapidement les problèmes liés à la technologie.

Chacun de ces rôles contribue à l'efficacité et à la fluidité de la réunion, en répartissant les responsabilités et en permettant à l'animateur principal de se concentrer sur le contenu et la dynamique.

Techniques d'animation spécifiques au distanciel

Favoriser l'interaction et l'engagement

L'absence de contact direct peut freiner la participation. L'animateur doit donc multiplier les interactions pour stimuler l'intérêt des participants.

- **Intégrer des micro-interactions** : les sondages instantanés, les quiz ou les questions ouvertes dans le chat sont d'excellents moyens de dynamiser la session. Par exemple, après une présentation, posez une question simple pour recueillir les réactions des participants.
- **Réaliser des tours de table virtuels** : demandez à chaque participant de s'exprimer, même brièvement, pour garantir l'inclusion. Cela permet également de capter l'attention des plus réservés.
- **Encourager l'utilisation des outils** : la fonction de levée de main virtuelle ou les réactions (émojis, votes) permettent de structurer les interventions tout en favorisant une participation fluide.

Structurer les temps d'échange

Un rythme bien pensé est essentiel pour garder les participants concentrés.

- **Diviser en segments courts** : chaque partie de la réunion doit se concentrer sur un objectif précis. Par exemple, une présentation de vingt minutes peut être suivie d'une activité interactive ou d'une discussion.
- **Intégrer des micro-pauses** : une pause de deux à cinq minutes toutes les trente à quarante-cinq minutes permet de maintenir l'énergie et de limiter la fatigue mentale.
- **Utiliser un minuteur visible** : informez les participants du temps restant pour chaque segment afin qu'ils puissent se concentrer sur les discussions prioritaires.

Exploiter les outils collaboratifs

Les outils numériques sont des alliés précieux pour renforcer la collaboration et structurer les idées.

- **Tableaux blancs numériques** : des plateformes comme Miro, Trello, Klaxoon ou Mural (nous citerons indifféremment plusieurs de ces outils dans le corps du texte) permettent aux participants de collaborer en temps réel en ajoutant des Post-its ou en dessinant des schémas.
- **Documents partagés** : Google Docs ou Microsoft OneDrive facilitent la corédaction et permettent de capturer les décisions de manière collaborative.
- **Sondages et quiz** : Mentimeter ou Slido sont idéaux pour collecter rapidement des opinions ou vérifier la compréhension du groupe.

Cette liste n'est évidemment pas exhaustive et évolue très vite. Si vous animez souvent à distance, nous vous préconisons de vous familiariser avec l'une des plateformes de manière plus approfondie pour être en mesure de « jouer » avec ses fonctionnalités et de les expliquer aux participants.

Dynamiser vos réunions avec des scénarios interactifs

Adapter les activités aux objectifs de la réunion est essentiel pour maintenir l'engagement des participants.

1. **Commencer par une inclusion** : démarrez la réunion avec une activité simple pour détendre l'atmosphère. Par exemple, demandez à chacun de partager une anecdote ou une attente liée à la session.
2. **Organiser des brainstormings visuels** : utilisez des outils comme Mural ou Jamboard pour collecter et structurer

les idées en temps réel. L'aspect visuel stimule la créativité et facilite les discussions.

3. **Diviser en sous-groupes** : les *Breakout rooms* sont des salles de sous-groupe virtuelle que l'on peut utiliser lors d'une réunion en ligne pour permettre aux participants de travailler ou discuter séparément. Cette configuration permet d'approfondir des sujets spécifiques dans des discussions plus ciblées. En revenant ensuite dans la salle principale, chaque groupe peut partager ses conclusions avec le reste des participants.
4. **Intégrer des quiz ou sondages** : après une présentation, testez la compréhension des participants ou recueillez leurs avis pour orienter les discussions suivantes.
5. **Terminer par une étude de cas** : proposez une situation concrète à analyser en groupe. Cette approche est particulièrement efficace pour renforcer la collaboration et mettre en pratique les idées abordées pendant la réunion.

Après une réunion : feedback et amélioration

Utilisez un formulaire en ligne pour recueillir les retours sur la réunion, en posant des questions spécifiques sur la clarté de l'information et l'efficacité de l'animation. Analysez ces feedbacks pour identifier les points forts et les aspects à améliorer dans les réunions futures. Cela permet à l'animateur d'optimiser les réunions suivantes et de mieux répondre aux attentes du groupe.

L'essentiel

Animer une réunion à distance, c'est orchestrer un équilibre entre structure et interactivité. En répartissant les rôles, en stimulant l'engagement des participants et en exploitant les outils numériques, l'animateur peut transformer une réunion virtuelle en un moment d'échange productif et dynamique. Des scénarios variés et une gestion fluide du temps garantissent que chacun reste impliqué, malgré la distance.

Chapitre 15

Les réunions de transmission d'informations

Les réunions de transmission d'information en distanciel demandent une préparation minutieuse et une animation structurée pour maintenir l'engagement des participants et garantir la réussite de la communication.

Préparation de la réunion

Objectifs et participants

- Définition des objectifs : comme en présentiel, l'animateur doit définir l'objectif précis de la réunion. Cet objectif, ainsi que l'ordre du jour, doivent être envoyé à l'avance pour éviter les digressions, qui peuvent facilement survenir en ligne. Il est essentiel de rester clair et concis.
- Sélection des participants : pour maintenir une bonne attention, limitez le nombre de participants à ceux dont la présence est indispensable. Les réunions virtuelles supportent difficile-

ment les grands groupes en raison des difficultés d'interaction et de concentration.

Gestion de l'espace virtuel

- Choix de la plateforme : choisissez une plateforme de visioconférence (Zoom, Teams, Webex, Meets...) avec les fonctionnalités nécessaires : partage d'écran, sondages en direct, salles de sous-groupes. Assurez-vous que chaque participant connaît la plateforme ; une session de test peut être utile. Ces plateformes sont en constante évolution. Elles proposent, par exemple, pour certaines (au moment où j'écris ces lignes) des tableaux blancs virtuels. Ils sont pour le moment moins performants qu'un Klaxoon, un Trello, un Miro ou un Mural, mais nous ne savons pas pour combien de temps.
- Création d'un environnement virtuel propice : encouragez les participants à rejoindre la réunion depuis un environnement calme et à privilégier une connexion stable. L'usage de casques est recommandé pour améliorer la qualité audio et réduire les échos.

Optimisation du temps

- Durée optimale : les réunions virtuelles étant plus fatigantes, la durée optimale se situe entre quarante-cinq minutes et une heure, avec des pauses pour garder l'attention.
- Répétitions techniques : avant la réunion, prévoyez un temps pour tester les aspects techniques (connexion, micros, caméras) afin d'éviter les interruptions.

Ordre du jour

- Clarté et précision : envoyez l'ordre du jour détaillé en avance, avec des horaires précis pour chaque point. Les segments doivent être courts pour éviter l'épuisement cognitif. Des moments dédiés aux questions et interactions doivent être intégrés.

- Interaction prévue : ajoutez des éléments interactifs (sondages, questions/réponses) dans l'ordre du jour pour stimuler l'engagement des participants.

Animation de la réunion

Prise de parole et engagement

Dès l'ouverture, l'animateur rappelle les objectifs et l'ordre du jour pour capter l'attention. Utilisez des techniques d'engagement comme poser une question d'ouverture ou lancer un sondage rapide pour dynamiser le début de réunion. Pour maintenir l'intérêt, alternez entre différents supports (diapositives, vidéos courtes, démonstrations) et privilégiez les visuels simples et impactants.

Coordination du groupe

- Règles du jeu : établissez des règles claires pour la prise de parole (lever la main virtuelle, utiliser le chat pour poser des questions) et veillez à leur respect pour éviter les interruptions inutiles.
- Gestion des interactions : désignez un coanimateur ou modérateur pour gérer les questions dans le chat et signaler celles qui méritent d'être abordées en direct, permettant ainsi à l'animateur de se concentrer sur le contenu.

Conduite et maîtrise du temps

- Gestion du temps : respectez strictement le temps imparti pour chaque point de l'ordre du jour et utilisez un *time-keeper* pour rester dans les délais. Les rappels de temps doivent être intégrés pour que chacun sache combien de temps il lui reste pour poser des questions ou interagir.

- Fluidité des transitions : utilisez des transitions visuelles ou verbales pour signaler les changements de sujet, afin de maintenir la concentration des participants.

Écoute active et distribution de la parole

- Distribution équitable de la parole : en distanciel, certains participants peuvent monopoliser la parole. L'animateur veille à ce que chacun puisse s'exprimer, en invitant les plus discrets à intervenir et en instaurant, si nécessaire, des tours de parole.
- Suivi des interactions : notez les points soulevés par les participants pour garantir que chaque préoccupation est abordée. Un document partagé peut également être utilisé pour permettre aux participants d'ajouter leurs questions en temps réel.

Compréhension et reformulation

- Vérification de la compréhension : après chaque point clé, l'animateur peut poser une question pour s'assurer que tous les participants ont bien compris. Il reformule les informations complexes pour faciliter leur assimilation.
- Synthèse régulière : faites des récapitulatifs à intervalles réguliers pour garder tout le monde aligné sur les points abordés.

Maintien d'un climat relationnel propice au travail

Favoriser les échanges et l'inclusion

Utilisez les sondages ou le chat pour encourager la participation active et les réponses rapides, afin de maintenir un rythme dynamique. Remerciez ou mentionnez les participants actifs pour encourager les autres à s'impliquer.

Encourager les participants réservés ou passifs

En distanciel, certains participants peuvent hésiter à s'exprimer. Pour les intégrer activement :

- **Tour de table personnalisé** : posez des questions ouvertes, adaptées à leurs domaines d'expertise, pour les encourager à intervenir.
- **Interactions via le chat** : proposez aux participants moins à l'aise de partager leurs réflexions dans le chat plutôt qu'à l'oral.
- **Utilisation d'outils anonymes** : des sondages anonymes via Mentimeter ou Slido permettent de recueillir des retours sincères et de valoriser chaque contribution sans pression sociale.

Gestion des conflits et ambiance détendue

Si des tensions ou malentendus surgissent, utilisez le chat privé pour désamorcer discrètement la situation. Introduire des moments d'humour aide également à maintenir une atmosphère détendue, essentielle pour éviter la fatigue cognitive.

Cohésion virtuelle et harmonisation

Encouragez les participants à allumer leur caméra pour renforcer le sentiment de présence et d'appartenance. En début de réunion, des activités brise-glace peuvent favoriser la cohésion, et quelques minutes informelles en fin de réunion permettent des échanges plus libres.

Suivi de la réunion

Compte rendu et documentation

Dans les vingt-quatre heures suivant la session, envoyez un compte rendu clair et synthétique qui résume les points principaux abordés et les décisions prises. Si possible, partagez également l'enregistrement de la réunion pour ceux qui n'ont pas pu y assister ou pour ceux qui souhaitent revoir certains points.

Exemple de déroulé d'une réunion d'informations descendantes à distance :

Objectif : transmettre des informations importantes à un groupe.

Durée : soixante minutes.

Structure :

- Accueil et introduction (5 min)
  - Accueil des participants et rappel des objectifs.
  - Aperçu de l'ordre du jour.
- Présentation des informations clés (20 min)
  - Exposé des points principaux avec diapositives.
  - Utilisation de visuels pour illustrer les données.

- Pause interactive (5 min)
  - Sondage pour vérifier la compréhension.
  - Questions ouvertes dans le chat pour recueillir des réactions.
- Détails et clarifications (20 min)
  - Développement des points clés avec exemples concrets.
  - Session de questions/réponses pour clarifier les doutes.
- Résumé et conclusion (5 min)
  - Synthèse des informations et rappel des prochaines étapes.
- Questions finales et clôture (5 min)
  - Temps pour les dernières questions.
  - Remerciements et fin de la réunion.

Avec une préparation minutieuse, une animation dynamique et un suivi structuré, l'animateur assure le succès des réunions d'information à distance, créant une expérience engageante et productive pour tous les participants.

Sessions de feedback à distance

Lors des réunions de feedback, le défi principal est d'encourager l'honnêteté et la clarté dans les échanges, tout en respectant la dynamique à distance. Pour optimiser ce type de réunion :

- **Encadrer les retours avec une méthode** : utilisez la technique du feedback sandwich (positif, amélioration, positif) pour cadrer les retours constructifs sans générer de tension.
- **Sondages anonymes** : si certains participants sont réticents à s'exprimer en public, des outils comme Mentimeter permettent de récolter des feedbacks anonymes en temps réel.
- **Tour de table virtuel** : assurez-vous que chaque participant donne son avis en fixant des tours de parole et en sollicitant directement les plus réservés.

L'essentiel

Les réunions de transmission d'informations en distanciel nécessitent une préparation importante et un objectif clair, communiqué en amont pour maintenir la concentration.

- Privilégiez une durée optimale de quarante-cinq minutes à une heure pour éviter la fatigue virtuelle. Captez l'attention grâce à des supports variés
- Structurez une prise de parole claire avec des parties courtes, incluant des moments interactifs pour engager les participants.
- L'animateur améliore ses compétences au fil des sessions ; chaque réunion est une occasion de renforcer son impact et sa maîtrise des outils virtuels.
- Entraînez-vous à parler face à la caméra pour conserver le lien visuel.
- Assurez une gestion stricte du temps et reformulez régulièrement les points clés pour garantir la compréhension.

Chapitre 16

Les réunions de recueil d'informations

Les réunions de recueil d'informations à distance visent à collecter des données, des opinions, et des retours d'expérience essentiels à la prise de décision. En distanciel, ces réunions exigent une préparation minutieuse pour surmonter les défis d'engagement et de qualité des informations recueillies. L'animateur doit donc adapter ses méthodes pour garantir une collecte d'informations efficace et complète.

Préparation de la réunion de recueil d'informations à distance

Objectifs et participants

- **Définition des objectifs** : l'objectif de la réunion doit être défini et partagé à l'avance. En précisant les types d'informations recherchées (retours d'expérience, suggestions, données précises), l'animateur fixe les attentes de chaque participant et clarifie l'utilisation future de ces informations.

- **Sélection des participants** : le groupe doit être limité aux personnes essentielles pour atteindre les objectifs. La pertinence des données dépend de celle des participants sélectionnés, dont l'expérience et le point de vue sont déterminants pour l'échange.

Gestion de l'espace virtuel

- **Choix de la plateforme** : utilisez une plateforme de visioconférence adaptée, offrant des outils interactifs (Klaxoon, Miro) et la possibilité de créer des salles de sous-groupes pour des discussions plus ciblées. Assurez-vous que tous les participants soient familiarisés avec ces outils avant la réunion.
- **Création d'un environnement propice** : encouragez les participants à se connecter depuis un endroit calme avec leur caméra activée pour optimiser la communication non verbale. L'utilisation de casques est recommandée pour améliorer la qualité audio.

Planification du temps et de l'ordre du jour

- **Agenda flexible** : préparez un ordre du jour structuré, mais suffisamment souple pour permettre à chaque participant de s'exprimer pleinement. Le recueil d'informations peut nécessiter des échanges plus longs pour explorer les points de vue et permettre une exploration complète des sujets.
- **Pauses programmées** : si la réunion dure plus d'une heure, programmez des pauses pour éviter la fatigue cognitive et permettre aux participants de rester concentrés.
- **Techniques de recueil** : prévoyez des moments spécifiques pour des exercices plus interactifs. Utiliser des formats diversifiés aide à stimuler la participation et à récolter des informations de manière complète.

Animation de la réunion

Introduction et cadre de la réunion

L'animateur commence par rappeler les objectifs et le cadre d'échange, en posant un contexte où chacun se sent libre de partager ses idées. Pour engager tous les participants, l'animateur peut poser une question d'ouverture ou initier un rapide tour de table virtuel, ce qui permet à chacun de prendre la parole dès le début.

Coordination et gestion des interactions

- **Régulation des interventions** : pour éviter les monologues ou interruptions, l'animateur régule les prises de parole. En rappelant les règles de participation (lever la main virtuelle, usage du chat), il structure l'échange et facilite une prise de parole organisée.
- **Utilisation des salles de sous-groupes** : pour approfondir certains points ou recueillir des avis spécifiques, l'animateur peut diviser les participants en petits groupes de discussion virtuels. Cette méthode encourage des échanges ciblés et garantit une collecte d'informations diversifiée avant le retour en plénière pour une synthèse.

Choix de la bonne plateforme et préparation des supports

- **Plateforme polyvalente** : optez pour une plateforme qui permette le partage d'écran, les tableaux blancs numériques et la création de sous-groupes.
- **Supports visuels** : préparez un espace collaboratif où les idées peuvent être capturées. Ne laisser pas de côté l'esthétique des supports et la gamification des exercices. Cela permet de main-

tenir l'attention. Enfin, bien préparer les templates et les visuels de chaque séquence en amont pour vous aider à structurer vos collectes d'idées, tout en gardant les participants engagés.

Conduite de la réunion et maîtrise du temps

- **Respect des délais** : bien que le recueil d'informations puisse nécessiter du temps, il est essentiel de respecter le timing global. L'animateur peut désigner un *time keeper* pour surveiller le temps alloué à chaque segment et rappeler aux participants de rester concis.
- **Transitions fluides** : en distanciel, il est important de faire des résumés de chaque point avant de passer au suivant, afin de maintenir la clarté et la continuité des échanges.

Maintien de la neutralité et répartition de la parole

- **Écoute active et reformulation** : l'animateur reste neutre et reformule régulièrement les idées partagées pour garantir une compréhension commune. Cela permet de clarifier les points flous et d'éviter les malentendus.
- **Distribution équitable de la parole** : certains participants peuvent monopoliser la parole. L'animateur doit veiller à ce que chacun ait l'opportunité de s'exprimer en interpellant les plus réservés et en utilisant les outils interactifs pour encourager la participation de tous.

Utilisation de l'IA pour faciliter l'animation

L'intelligence artificielle peut faciliter le déroulement et l'analyse de la réunion en analysant les réponses en temps réel grâce à des outils comme Otter.ai, qui transcrivent et résument les échanges en cours, permettant ainsi à l'animateur de suivre les contributions en direct et d'adapter son approche aux retours immédiats. Une IA éduquée à votre style peut même suggérer des relances. Mais attention ! Cela risque de nuire à la concentration du facilitateur et rendre les interactions encore plus impersonnelles. La situation extrême serait de finalement arriver à une IA qui parle à une autre IA par l'intermédiaire des humains.

Maintien d'un climat relationnel propice au travail

Création d'un environnement de confiance et dynamique d'échange

- **Interaction et confiance** : l'animateur doit créer un environnement de confiance où les participants se sentent libres de s'exprimer. En valorisant les contributions et en encourageant les échanges, il favorise un climat propice au partage d'informations.
- **Gestion des tensions** : en cas de désaccords, l'animateur joue un rôle de médiateur en reformulant les points de vue et en cherchant des compromis. Utiliser des mots d'encouragement et l'humour contribue à maintenir une atmosphère détendue, favorable à la participation.

Cohésion virtuelle et contributions spontanées

- **Cohésion à distance** : en début de réunion, l'animateur peut renforcer la cohésion par des exercices brise-glace ou des moments de partage personnel.
- **Encouragement des contributions** : en invitant des interventions spontanées et en intégrant des outils interactifs,

l'animateur permet aux participants de se sentir plus impliqués et favorise un échange enrichissant.

Suivi de la réunion

L'animateur rédige un compte rendu reprenant les points clés, les idées et suggestions partagées, ainsi que les actions à entreprendre afin de faire une synthèse des informations. Si la réunion est enregistrée, l'enregistrement peut être partagé pour une consultation ultérieure.

Utilisation de l'IA dans le suivi

- **Prise de notes et résumés automatiques** : des outils comme Otter.ai ou Sonix peuvent automatiser la transcription et résumer les discussions, facilitant le suivi des actions décidées.
- **Analyse post-réunion** : l'IA permet de segmenter et d'analyser les informations recueillies, offrant des tendances ou suggestions d'amélioration pour les prochaines réunions.

Structurer le suivi des informations collectées

Pour valoriser les données issues d'une réunion de recueil d'informations :

- **Partage collaboratif** : mettez à disposition des participants un espace partagé (Google Drive, Trello) pour centraliser les notes, idées et synthèses.
- **Résumé visuel** : transformez les informations clés en supports visuels (diagrammes, cartes mentales) pour une meilleure clarté et compréhension.
- **Rétroaction rapide** : organisez une réunion courte de suivi pour confirmer les actions décidées et collecter d'éventuels compléments.

Exemple de déroulé d'une réunion de recueil d'informations à distance :

Objectif : collecter des données et retours d'expérience.

Durée : 90 minutes.

Structure :

- Accueil et cadre de la réunion (10 min) : présentation des objectifs et des règles de participation.
- Tour de table virtuel (20 min) : chaque participant partage ses premières réflexions, notées sur un tableau blanc virtuel.
- Session de brainstorming en sous-groupes (25 min) : les groupes discutent de sujets spécifiques sur des tableaux blancs, un Klaxoon ou un Mural.
- Retour en plénière et synthèse (20 min) : présentation des idées par sous-groupe, regroupement et priorisation.
- Conclusion et suivi (15 min) : synthèse des points clés, identification des actions à suivre, et clôture.

L'essentiel

Pour garantir le succès d'une réunion de recueil d'informations à distance, l'animateur doit préparer un cadre engageant, maîtriser la gestion des interactions et adopter des outils numériques adaptés :

- Fixez des objectifs précis et limitez les participants aux essentiels.
- Préparez un ordre du jour flexible pour faciliter les échanges approfondis.
- Encouragez la participation avec des salles virtuelles et des techniques interactives.
- Maintenez un climat de confiance et répartissez équitablement la parole.

Une organisation précise et un suivi rigoureux permettent de transformer les retours recueillis en données exploitables, même à distance.

Chapitre 17

Les réunions de recherche et de mise en place de solutions

Les réunions de mise en place de solutions en distanciel permettent aux participants de collaborer autour de problèmes spécifiques ou de plans d'action, tout en surmontant les contraintes de la distance. Ces réunions se distinguent par leur objectif de produire des solutions concrètes, demandant une forte interaction et une créativité collective. Pour garantir leur succès, l'animateur doit structurer la session, maintenir un engagement actif et favoriser une dynamique constructive.

Préparation de la réunion

Objectifs et participants

Les objectifs sont le point central de toute réunion de mise en place de solutions. Ils doivent être :

- **Clairs** : définis autour d'un problème précis ou d'un plan d'action concret.
- **Partagés** : communiqués en amont pour permettre une préparation individuelle.
- **Concrets** : orientés vers des résultats tangibles, comme la génération d'idées ou la définition de prochaines étapes.

Conseil : limitez le nombre de participants à cinq à huit personnes pour garantir une dynamique de groupe fluide. Invitez uniquement les collaborateurs clés, possédant des compétences ou perspectives essentielles au sujet traité.

Gestion de l'espace virtuel

L'espace virtuel est le terrain d'expression des participants. Pour cela :

- **Choisissez la bonne plateforme** : optez pour des outils comme Zoom, Teams, Miro ou Klaxoon, intégrant les fonctionnalités qui permettront la collaboration et serviront la dynamique de votre réunion.
- **Assurez une maîtrise technique** : planifiez une session de test technique pour familiariser chaque participant avec la plateforme et ses fonctionnalités.
- **Créez un environnement favorable** : encouragez une connexion stable, l'utilisation de la caméra et un espace calme pour minimiser les distractions.

Exemple d'atelier mené sur Klaxoon :

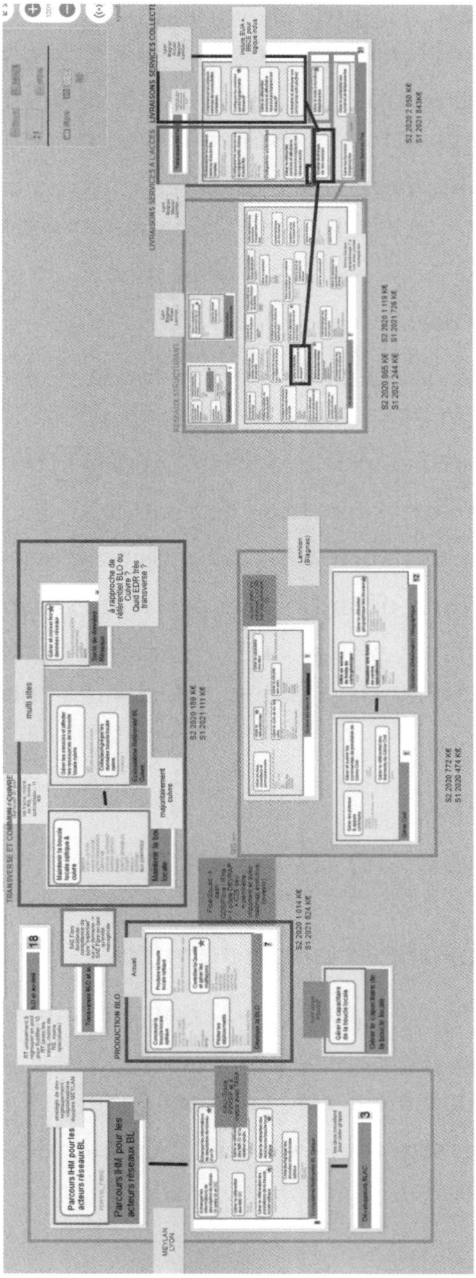

Optimisation du temps

- **Durée idéale** : limitez la réunion à soixante-dix à quatre-vingt dix minutes pour éviter la fatigue virtuelle.
- **Rythme structuré** : alternez entre moments d'échange intensif et pauses interactives pour préserver l'attention.
- **Anticipez les lenteurs** : préparez-vous à ajuster le rythme des discussions en fonction de la dynamique du groupe.

Ordre du jour

L'ordre du jour doit guider les échanges en respectant une progression logique :

- **Introduction** : rappel des objectifs, inclusion et cadre de travail.
- **Phase de brainstorming** : génération d'idées.
- **Évaluation des solutions** : discussion et sélection.
- **Plan d'action** : définition des prochaines étapes.

Conseil : prévoyez des outils interactifs, comme des cartes mentales ou des sondages en temps réel, pour encourager la collaboration.

Animation de la réunion

Prise de parole et engagement

Dès l'ouverture, l'animateur doit capter l'attention :

- **Inclure chaque participant** : invitez chacun à partager un mot ou une attente liée à la réunion.
- **Utiliser des supports variés** : présentez des visuels ou des exemples concrets pour stimuler l'intérêt.

- **Favoriser la participation active** : posez des questions ouvertes ou utilisez le chat pour recueillir les premières impressions.

Coordination du groupe

- **Établir des règles claires** : formalisez les prises de parole via une « main virtuelle » ou le chat.
- **Faciliter les discussions** : désignez un modérateur pour gérer les interactions en parallèle.
- **Encourager les sous-groupes** : exploitez les salles virtuelles pour explorer des idées en petits groupes avant une restitution collective.

Conduite et maîtrise du temps

- **Chronométrer chaque étape** : affichez un minuteur visible pour respecter les délais.
- **Fluidifier les transitions** : utilisez des résumés ou des signaux visuels pour guider les participants d'une phase à l'autre.
- **Synthétiser régulièrement** : reformulez les points clés pour garantir que tout le monde est aligné sur les résultats intermédiaires.

Maintien d'un climat relationnel propice au travail

Une ambiance positive est essentielle pour une collaboration efficace :

- **Créer un environnement sûr** : rassurez les participants sur la valeur de leurs contributions, même audacieuses.

- **Reconnaître et valoriser les idées** : soulignez les apports significatifs pour motiver le groupe.
- **Gérer les tensions avec tact** : reformulez les désaccords de manière constructive et encouragez une écoute active.

Conseil : clôturez la réunion avec un tour de table informel ou un moment de remerciement collectif pour renforcer la cohésion.

Suivi de la réunion

Compte rendu et documentation

- **Synthèse rapide** : partagez un compte rendu dans les vingt-quatre heures, comprenant les solutions retenues et les prochaines étapes avec responsables et échéances.
- **Accessibilité** : ajoutez un lien vers l'enregistrement ou les documents clés pour référence.

Exemples et méthodes pratiques

Déroulé d'une réunion de mise en place de solutions :

- **Introduction (10 min)** : accueil, présentation des objectifs, inclusion.
- **Brainstorming (20 min)** : sous-groupes sur Miro avec restitution collective.
- **Évaluation (20 min)** : classement des idées via sondage ou vote collaboratif.
- **Planification (10 min)** : définition des prochaines étapes avec responsables.
- **Clôture (5 min)** : synthèse et remerciements.

Déroulé d'un brainstorming virtuel :

- **Divisez en sous-groupes** : utilisez des *breakout rooms* pour stimuler les échanges.
- **Capturez les idées** : exploitez des outils visuels comme le *brainwriting* (divergence sur Post-it), la connexion à des images pré enregistrées sur le tableau blanc ou toute autre exercice de connexion forcée pour aider les participants à émettre des idées.
- **Classez les propositions** : utilisez des critères communs pour prioriser les solutions.

L'essentiel

Les réunions de mise en place de solutions en distanciel visent des résultats concrets (résolution de problèmes, plans d'action).

- Les objectifs doivent être clairs, partagés et orientés vers des résultats.
- Structurez un ordre du jour précis et limitez la réunion entre soixante et quatre-vingt-dix minutes et maintenir un rythme engageant.
- Encouragez la participation par une ingénierie adaptée, des outils et des techniques adaptés.
- Clôturez en définissant des étapes concrètes avec responsables et échéances.

Chapitre 18

Les réunions de coconstruction de fond

Les réunions de coconstruction de fond sont essentielles pour explorer des sujets complexes, développer des stratégies de long terme, ou renforcer la cohésion autour d'un projet. En distanciel, ces réunions demandent une approche méthodique pour maintenir l'engagement, favoriser les échanges et aboutir à des décisions collectives. L'animateur, véritable facilitateur, doit structurer les discussions, encourager la réflexion collective et guider le groupe pour construire une vision commune et concrète.

Préparation de la réunion

Objectifs et participants

Les réunions de coconstruction de fond en distanciel ont des objectifs clairs, orientés vers la cocréation de solutions et la définition d'une vision collective. Il est crucial que ces objectifs soient bien définis avant la réunion pour garantir que tous les participants se préparent correctement. Les objectifs peuvent être divisés en deux grandes catégories :

- **Projets concrets** : objectifs à moyen terme, avec des résultats mesurables et atteignables.
- **Stratégies de long terme** : objectifs plus abstraits, axés sur des orientations et des perspectives futures.

Conseil : l'animateur doit s'assurer que ces objectifs sont bien compris par tous en amont, en envoyant les informations nécessaires pour que les participants puissent réfléchir à leurs contributions avant la réunion.

Sélection des participants

Invitez des participants dont l'expertise et les perspectives sont cruciales pour le sujet traité. Limitez le nombre de participants entre cinq et dix personnes pour éviter les digressions tout en couvrant tous les points de vue essentiels à la réflexion collective.

Gestion de l'espace virtuel

- **Choix de la plateforme** : sélectionnez une plateforme collaborative robuste (Miro, Mural, Zoom, Teams) pour capturer et organiser les idées en temps réel. Les outils comme les tableaux blancs virtuels sont indispensables pour permettre à chaque participant de contribuer de manière visible.
- **Préparation technique** : assurez-vous que chaque participant dispose d'un matériel adapté (casque, webcam) et d'une connexion stable. Organisez une session de test technique préalable pour éviter toute interruption pendant la réunion.

Planification et timing

- **Temps de réunion** : prévoyez suffisamment de temps pour permettre une réflexion approfondie, généralement entre quatre-vingt-dix minutes et deux heures. Des pauses régulières doivent être intégrées pour éviter la fatigue cognitive et maintenir l'attention des participants.
- **Agenda structuré et flexible** : organisez un ordre du jour progressif :
  - exposé des objectifs ;
  - phase de réflexion et de brainstorming ;
  - discussion sur les prochaines étapes concrètes. Mais restez flexible pour ajuster le timing selon la dynamique des échanges.

Animation de la réunion

Prise de parole et engagement

Dès le début de la réunion, l'animateur doit réaffirmer les objectifs de la session et encourager l'engagement des participants :

- **Introduction** : présentez clairement le cadre de la réunion et l'importance de chaque contribution.
- **Démarrer par une inclusion** : commencez par un tour de table où chaque participant partage une réflexion initiale ou une attente par rapport au sujet, afin de créer un climat d'ouverture et de confiance.
- **Création d'un environnement propice** : utilisez des exercices d'imprégnation pour orienter les réflexions, comme la présentation d'un visuel ou une question ouverte pour plonger immédiatement dans le cœur du sujet.

Coordination du groupe

- **Règles de prise de parole** : établissez des règles claires de prise de parole (lever la main virtuelle, utiliser le chat).
- **Encourager l'interaction** : désignez un coanimateur ou un modérateur pour gérer les questions dans le chat et s'assurer que tout le monde ait la possibilité de contribuer.
- **Gestion des sous-groupes** : divisez les participants en petits groupes pour des réflexions approfondies sur des points spécifiques avant de revenir en plénière. Cela permet de travailler sur des aspects précis du sujet avant de centraliser les idées.

Conduite et maîtrise du temps

- **Structurer les interventions** : l'animateur doit veiller à ce que chaque participant puisse exposer ses idées, en respectant des délais précis pour chaque intervention.
- **Utilisation des outils de convergence** : en fin de session, l'animateur utilise des outils comme des matrices de décision ou des votes pour évaluer les propositions et décider des actions à prendre. Cela aide à trier les idées et à passer à une phase de synthèse.
- **Gestion du temps** : chaque segment doit être chronométré, avec un suivi des temps de parole pour garantir que chacun ait sa place. Le respect des pauses est également essentiel pour maintenir l'attention de tous.

Maintien d'un climat relationnel propice au travail

Pour une réunion de coconstruction de fond réussie, maintenir une dynamique positive et collaborative est primordial :

- **Valorisation de chaque contribution** : l'animateur doit garantir que chaque voix soit entendue, et qu'aucune idée ne soit écartée trop rapidement. Cela passe par une écoute active et un encouragement constant.
- **Gérer les désaccords** : en cas de divergence d'opinions, l'animateur doit intervenir pour reformuler les points de vue et encourager le respect des opinions divergentes tout en orientant la discussion vers la recherche de solutions communes.
- **Cohésion de groupe** : l'animateur doit aussi renforcer la cohésion en valorisant l'esprit d'équipe et en encourageant des échanges informels en fin de réunion. Des moments de débriefing informels permettent de solidifier les relations et de maintenir un environnement de travail agréable et productif.

Suivi de la réunion

Compte rendu et documentation

- **Synthèse claire** : à la fin de la réunion, l'animateur doit envoyer un compte rendu récapitulant les points clés, les idées retenues et les décisions prises, ainsi que les prochaines étapes. Ce document doit être diffusé sous vingt-quatre heures pour garantir la continuité du projet.
- **Plan d'action précis** : partagez un plan d'action détaillant les responsabilités de chaque participant, avec des échéances claires pour assurer le suivi des décisions.

Maintenir la dynamique après la réunion

La construction d'un projet à long terme ne s'arrête pas à la fin de la réunion. Pour maintenir l'élan, ces trois points sont essentiels :

- **Le plan d'action collaboratif** : créez un tableau de suivi interactif sur des plateformes comme Monday.com ou Asana, pour documenter les prochaines étapes et suivre leur progression.
- **L'engagement continu** : programmez des points de contrôle réguliers (hebdomadaires ou mensuels) pour vérifier l'avancement et ajuster les objectifs si nécessaire.
- **L'encouragement de la réflexion continue** : invitez les participants à enrichir les idées via des commentaires asynchrones sur des supports partagés.

Exemple de déroulé d'une réunion de coconstruction de fond :

- **Introduction (10 min)** : présentation des objectifs et des attentes des participants.
- **Exercices d'imprégnation (10 min)** : introduction d'un visuel ou question ouverte pour lancer la réflexion.
- **Brainstorming en sous-groupes (30 min)** : réflexion en petits groupes sur des points clés, puis mise en commun des idées.
- **Évaluation et prise de décision (30 min)** : utilisation de matrices de décision ou votes pour prioriser les idées.
- **Plan d'action (10 min)** : définition des prochaines étapes avec responsabilités.
- **Clôture (5 min)** : synthèse et feedback sur la réunion.

L'essentiel

- Pour réussir une réunion de coconstruction de fond, commencez par définir des objectifs clairs et partagez-les en amont.
- Qu'il s'agisse de projets concrets ou de stratégies à long terme, sélectionnez avec soin les participants : ouvrez le groupe aux personnes clés pour garantir des échanges pertinents. Assurez-vous que la plateforme collaborative choisie soit maîtrisée par tous et travaillez une ingénierie précise et structurée.
- En tant qu'animateur, engagez les participants dès le début avec des exercices de brise-glace et répartissez-les en sous-groupes pour permettre une exploration approfondie des idées. Proposez des exercices collaboratifs pour garantir une participation équitable de tous.
- Valorisez chaque contribution.
- Après la réunion, partagez rapidement un compte rendu et planifiez des points de suivi réguliers. Les réunions de coconstruction de fond à distance deviennent des espaces productifs où la réflexion collective aboutit à des résultats concrets et partagés.

Chapitre 19

Réagir aux difficultés du groupe en distanciel

Les réunions à distance offrent des avantages indéniables en termes de flexibilité, mais elles posent également des défis spécifiques, notamment le risque de désengagement des participants et les obstacles liés aux interactions virtuelles. Certaines des difficultés incombent à l'environnement dans lequel se trouvent les participants et l'animateur n'aura alors pas de prise dessus. Cependant, certains signaux sont à observer même si cela demande une attention soutenue de l'animateur.

Identifier les signes de désengagement

L'absence de contact physique rend plus difficile la détection du désengagement en distanciel et nous ne parlons pas des caméras parfois éteintes ! Cependant, plusieurs indicateurs permettent de reconnaître ces situations et d'intervenir rapidement pour maintenir l'engagement.

Réduction des interactions

- **Silence prolongé** : un participant actif en début de réunion qui devient soudainement silencieux peut indiquer une perte d'intérêt ou une difficulté à suivre.
- **Réponses monosyllabiques** : les réponses courtes (« oui », « non », « ok ») signalent souvent un désengagement.
- **Absence de participation :** les participants qui n'interviennent pas.

Comportements non verbaux (lorsque les caméras sont activées)

- **Inattention visuelle** : participants regardant ailleurs, consultant leur téléphone ou manifestant des signes évidents de distraction.
- **Absence de réactions** : une absence de sourire, de hochement de tête ou de posture ouverte peut indiquer un désintérêt.

Problèmes techniques prolongés

- **Micro coupé ou caméra désactivée sans explication** : cela peut refléter un désengagement ou des difficultés techniques récurrentes.
- **Retards dans les réponses** : une réponse tardive aux questions directes peut signaler une distraction ou une perte d'attention.

Solutions aux problèmes techniques et d'interaction

Les problèmes techniques et d'interaction nuisent à l'efficacité des réunions. Nous vous proposons ici une liste des problèmes potentiels et des solutions pour les anticiper et y répondre rapidement.

Problèmes de connexion

- **Instabilité de la connexion** : recommandez de désactiver la vidéo pour améliorer la qualité audio ou de passer à une connexion filaire.
- **Déconnexion répétée** : envoyez un résumé des informations clés par e-mail ou dans le chat. Proposez un point de suivi après la réunion.

Problèmes audio/visio

- **Échos ou bruits de fond** : encouragez l'utilisation de casques et de la fonction de suppression du bruit.
- **Problèmes de caméra** : si elle ne fonctionne pas, incitez à compenser avec une participation active via le chat ou la voix.

Problèmes d'interaction

- **Participants silencieux** : posez des questions directes et invitez chacun à contribuer avec un tour de table virtuel.
- **Interventions désordonnées** : rappelez les règles de prise de parole (main virtuelle, chat) et utilisez les fonctions de modération pour gérer les micros.

Stratégies pour réengager les participants en réunion distancielle

Lorsque des signes de désengagement apparaissent, il est crucial de réagir rapidement pour raviver l'intérêt et maintenir l'engagement.

Rendre la réunion plus interactive

- **Sondages et questions rapides** : utilisez des outils comme Mentimeter pour recueillir des avis ou évaluer l'accord sur un point clé.
- **Exercices interactifs** : proposez des brainstormings express ou des activités sur tableau blanc collaboratif.
- **Discussions en petits groupes** : divisez les participants en sous-groupes pour des échanges ciblés, suivis d'une restitution en plénière.

Impliquer directement les participants

- **Questions directes** : interpellez les participants désengagés pour leur redonner un rôle actif.
- **Attribution de tâches** : confiez des rôles (prise de notes, modération) pour encourager une participation responsable.

Changer de format et introduire des pauses

- **Changer de format** : passez d'une présentation à une discussion ouverte ou à un exercice collectif pour dynamiser la réunion.
- **Micro-pauses** : intégrez des pauses de deux à cinq minutes pour permettre aux participants de se recentrer.

- **Synthèses régulières** : résumez les points abordés pour garder tout le monde aligné et concentré.

Adapter le contenu et le style d'animation

- **Réévaluer l'ordre du jour** : priorisez les sujets les plus interactifs ou pertinents pour redynamiser l'intérêt collectif.
- **Changer de ton** : un style plus dynamique ou des anecdotes peuvent capter l'attention.
- **Personnalisation** : reliez les discussions aux responsabilités ou intérêts des participants.

Gestion des participants dans des réunions interactives

Dans les réunions très interactives, comme celles dédiées à la mise en place de solutions, l'animateur doit équilibrer les prises de parole et encourager la participation active.

- **Techniques clés** : levée de main virtuelle, assignation de temps de parole.
- **Outils recommandés** : Miro ou Jamboard pour structurer visuellement les idées.
- **Approche** : diviser les participants en sous-groupes via les *Breakout rooms*, suivi d'une synthèse en plénière.
- **Astuce** : utilisez des sondages ou des votes pour maintenir l'engagement collectif.

L'essentiel

La réussite des réunions distancielles repose sur la capacité de l'animateur à détecter rapidement les signes de désengagement et à adapter son animation en conséquence.

- Anticipation : préparer les participants et s'assurer de la stabilité des outils techniques.
- Réactivité : réagir rapidement face aux problèmes techniques et d'interaction.
- Adaptabilité : introduire des formats dynamiques et des pauses pour raviver l'attention.

Pour identifier rapidement les signes de désengagement, surveillez les interactions, les comportements non verbaux pour détecter les participants qui décrochent.

Variez les formats, posez des questions directes et utilisez des outils interactifs ou des sessions en sous-groupes pour dynamiser l'échange.

Ajustez le contenu, l'ordre du jour ou le ton pour maintenir l'intérêt et favoriser une participation équilibrée. Utilisez des consignes claires et un ton dynamique.

Conclusion

Vers une hybridation des réunions

L'avenir des réunions se dessine dans une hybridation, combinant le meilleur des formats en présentiel et à distance. Ce modèle hybride, en permettant une participation à la fois physique et virtuelle, répond aux enjeux d'inclusivité et de flexibilité qui redéfinissent le monde du travail. Il offre une opportunité unique : allier la spontanéité et la richesse des interactions humaines en salle à l'accessibilité et à la diversité des contributions permises par le distanciel.

Cependant, cette transformation ne va pas sans défis. L'animateur, pivot de la réussite des réunions, devra s'adapter à une complexité croissante : gérer des interactions équitables, maintenir l'engagement dans des environnements hybrides et maîtriser une palette d'outils numériques en constante évolution.

Mais les questions restent ouvertes :

- Comment maintenir l'esprit d'équipe lorsque les distances géographiques s'allongent ?
- Les nouvelles technologies peuvent-elles réellement remplacer la richesse de la communication non verbale du présentiel ?
- Comment garantir que les réunions hybrides ne creusent pas un fossé entre ceux présents physiquement et ceux à distance ?

Les réunions et l'émergence de l'intelligence artificielle

L'intelligence artificielle redéfinit déjà de nombreux aspects de notre quotidien professionnel, et son impact sur les réunions est à la fois prometteur et fascinant. En facilitant l'organisation, l'animation et le suivi, elle pourrait transformer la façon dont les équipes collaborent à l'échelle mondiale.

L'IA questionne également l'avenir des interactions humaines : jusqu'où peut-on automatiser sans sacrifier la créativité et l'empathie qui naissent du contact humain ? En même temps, elle ouvre des perspectives incroyables : des assistants virtuels pour résumer les discussions, identifier les idées clés ou même ajuster la dynamique en temps réel.

Perspectives pour le futur des réunions

Dans ce monde où l'hyperconnectivité s'accroît, les réunions ne disparaîtront pas. Au contraire, elles évolueront pour devenir des espaces stratégiques de cocréation et d'innovation.

- L'avenir des réunions sera hybride, combinant les formats pour s'adapter aux besoins des participants.
- La technologie jouera un rôle central, non pour remplacer l'humain, mais pour l'assister, lui offrant des outils toujours plus puissants pour collaborer à distance ou en salle.
- Enfin, l'animateur de demain ne sera pas seulement un expert en gestion de groupe, mais un véritable « designer d'interactions », capable d'utiliser des données, des outils d'intelligence collective et des méthodes immersives pour engager des équipes de plus en plus diversifiées.

Cette hybridation ne signifie pas l'abandon de nos pratiques actuelles, mais leur enrichissement. Elle appelle chaque professionnel à repenser les cadres traditionnels pour inventer de nouvelles manières de collaborer.

Un avenir en construction

Cette conclusion, loin de fermer le sujet, invite à réfléchir aux nouvelles formes que les réunions prendront dans un monde en mutation. Si la technologie ouvre des opportunités incroyables, c'est bien l'humain qui continuera à donner du sens à ces moments de partage. En animant ces réunions avec créativité et anticipation, vous avez la possibilité de transformer chaque interaction en une source de valeur, pour aujourd'hui et pour demain.

À vous d'imaginer le futur des réunions, où innovation et collaboration se rencontrent pour construire ensemble un monde meilleur.

Annexes : déroulés d'animations pour quelques réunions clés

Speed meetings

Les *speed meetings* sont conçus pour des rencontres brèves et ciblées entre managers et collaborateurs. En un temps limité, les participants présentent leurs idées, retours ou besoins, tandis que le manager, récepteur d'informations, peut recueillir des données précises et concises. Ce format exige de l'animateur (le participant) un esprit de synthèse, de la concision et une communication efficace.

- **Objectif** : permettre des échanges rapides et organisés entre le manager et chaque collaborateur, maximisant la productivité et le recueil d'informations en un temps restreint.
- **Durée** : 5 à 10 minutes par rencontre.
- **Participants** : manager (récepteur), collaborateurs (animateurs).

Préparation des speed meetings

- Affichage des créneaux : le manager propose des créneaux horaires spécifiques visibles sur un tableau près de son bureau, permettant aux collaborateurs de s'inscrire selon leur disponibilité.
- Indications préalables : communiquer les règles du *speed meeting* aux participants à savoir la durée de l'entretien, l'objectif de concision, et nécessité de se focaliser sur les points prioritaires.

Déroulé du speed meeting

- Accueil rapide (1 min) :
  - Le manager accueille le collaborateur de manière brève et courtoise.
  - Rappel du temps disponible pour structurer l'échange.
- Présentation par le collaborateur (3 à 5 min) :
  - Présentation concise : le collaborateur commence par introduire son sujet principal en une phrase.

  - Détails et points clés : il développe les éléments essentiels, en se concentrant sur les faits ou besoins spécifiques. Ce format demande un exposé direct et synthétique.
  - Formulation d'une demande ou d'une suggestion : le collaborateur termine par une demande claire ou une suggestion d'action concrète.
- Questions et clarification (1 à 3 min) :
  - Feedback immédiat : le manager peut poser quelques questions de clarification pour bien cerner les informations reçues.
  - Prise de notes : le manager prend note des informations pour un suivi éventuel, sans nécessairement s'engager immédiatement.

Clôture de la rencontre

- Synthèse rapide : le manager reformule, si nécessaire, les points principaux de l'échange pour s'assurer de la compréhension mutuelle.
- Réponse ou orientation : si le temps le permet, le manager peut offrir un feedback ou donner une orientation sur les étapes à suivre.
- Remerciement et enchaînement : le manager remercie le collaborateur pour sa concision et passe au participant suivant.

Lancement de projet complexe

- **Objectif :** aligner les parties prenantes, clarifier les objectifs et établir les premières étapes du projet.
- **Durée :** 3h30.
- **Participants :** chef de projet, responsables d'équipes, parties prenantes clés, experts techniques.
- **Agenda :**
- Accueil et introduction (15 min)
  - Présentation des participants, objectifs, contexte et enjeux du projet.
- Présentation du projet (30 min)
  - Vue d'ensemble : objectifs, livrables, budget, échéances, défis spécifiques.
- Discussion sur les objectifs et livrables (45 min)
  - Définition des objectifs, livrables clés et indicateurs de succès.
- Planification des ressources et délais (45 min)
  - Ressources nécessaires, étapes clés, calendrier préliminaire.
- Gestion des risques (30 min)
  - Brainstorming des risques, évaluation et plan de mitigation.
- Plan de communication (30 min)
  - Canaux, fréquence de suivi, et plan de reporting.
- Synthèse et prochaines étapes (15 min)
  - Récapitulatif, attribution des premières tâches, planification de la prochaine réunion.
- Clôture (10 min)
  - Remerciements, réponses aux questions, distribution des comptes rendus.

Une revue de milieu de projet

- **Objectif :** évaluer les progrès, ajuster la planification et résoudre les problèmes émergents.
- **Durée :** 2h.
- **Participants :** chef de projet, responsables d'équipes, parties prenantes clés.
- **Agenda :**
- Introduction et objectifs de la réunion (10 min)
  - Objectifs de la revue, rappel des objectifs initiaux et des jalons.
- Évaluation des progrès (20 min)
  - Point sur l'état actuel du projet, livrables et analyse des écarts.
- Analyse des défis et problèmes (30 min)
  - Identification des obstacles, discussion des défis et solutions proposées.
- Ajustement de la planification (15 min)
  - Revue du calendrier, réallocation des ressources, mise à jour des priorités.
- Révision de la gestion des risques (15 min)
  - Évaluation des stratégies en place, nouveaux risques et ajustements nécessaires.
- Prochaines étapes et responsabilités (15 min)
  - Clarification des tâches prioritaires, échéances et responsabilités.
- Clôture et questions (15 min)
  - Synthèse, réponses aux questions, préparation de la prochaine réunion.

Résolution de problèmes critiques

- **Objectif :** réunir les parties prenantes pour résoudre un problème critique menaçant le projet.
- **Durée :** 1h30.
- **Participants :** chef de projet, responsables d'équipes, experts techniques, parties prenantes spécifiques.
- **Agenda :**
- **Présentation du contexte** (10 min)
  - Description du problème, impact sur le projet et objectifs de la réunion.
- Analyse détaillée du problème (20 min)
  - Faits et données, discussion sur les causes, identification des conséquences.
- Brainstorming de solutions (30 min)
  - Génération de solutions, tableau blanc pour capturer les idées.
- Évaluation et sélection de la solution (15 min)
  - Analyse des solutions, sélection et élaboration d'un plan d'action.
- Plan de mise en œuvre et suivi (10 min)
  - Étapes de mise en œuvre, attribution des responsabilités, plan de suivi.
- Clôture et communication (5 min)
  - Récapitulatif des décisions, plan de communication, remerciements.

Atelier de planification stratégique

- **Objectif :** aligner la stratégie du projet avec les objectifs de l'entreprise et les attentes des parties prenantes.
- **Durée :** 4h (avec pauses).
- **Participants :** équipe de direction, chefs de projet, responsables d'équipes, parties prenantes externes.
- **Agenda :**
- Accueil et présentation des objectifs (15 min)
  - Présentation de l'atelier, tour de table pour aligner les attentes.
- Analyse SWOT (30 min)
  - Forces, faiblesses, opportunités, menaces et stratégies d'action.
- Vision stratégique (40 min)
  - Vision à long terme, définition des objectifs stratégiques.
- Session de brainstorming (40 min)
  - Idées pour atteindre les objectifs stratégiques, sélection des idées clés.
- Pause (15 min)
- Développement du plan stratégique (45 min)
  - Structuration des idées, définition des actions et ressources.
- Gestion des risques stratégiques (30 min)
  - Identification des risques, plan de gestion et mesures de mitigation.
- Validation et prochaines étapes (15 min)
  - Validation du plan, prochaines étapes, fixation d'une réunion de suivi.
- Clôture et synthèse (15 min)
  - Résumé, distribution des documents, remerciements.

Réunion de clôture de projet

- **Objectif :** conclure officiellement le projet, revoir les résultats et tirer les leçons pour l'avenir.
- **Durée :** 2h.
- **Participants :** chef de projet, membres de l'équipe, parties prenantes clés.
- **Agenda :**
- **Introduction et objectifs de la réunion** (10 min)
  - But de la réunion de clôture, tour de table pour les attentes des participants.
- Revue des résultats (40 min)
  - Bilan des livrables, comparaison avec les objectifs initiaux.
- Analyse des défis et solutions (30 min)
  - Discussion des obstacles rencontrés, révision des solutions mises en place.
- Leçons apprises (20 min)
  - Identification des bonnes pratiques, apprentissages pour les projets futurs.
- Reconnaissance des contributeurs (10 min)
  - Remerciements, reconnaissance des efforts de chacun.
- Clôture (10 min)
  - Résumé des enseignements, remerciements et distribution des documents finaux.

REX (retours d'expérience)

Les retours d'expérience sont des réunions structurées pour faire le point sur un projet ou un processus, identifier les succès et les axes d'amélioration, et tirer des enseignements pour l'avenir. Ce format favorise le recul et l'analyse collective. Que ce soit au sein d'une équipe ou entre pairs, les REX permettent aux participants d'échanger sur leurs expériences, contribuant ainsi à la cohésion du groupe et à l'amélioration continue.

- **Objectif :** faire une analyse critique de l'expérience vécue (projet, processus, méthode) pour en extraire des enseignements utiles et renforcer les pratiques de l'équipe ou des pairs.
- **Durée :** 1h30 à 2h.
- **Participants :** membres de l'équipe ou pairs ; animateur (interne ou coach externe pour garantir la neutralité).

Préparation des REX

- **Identification des thèmes à aborder :** le thème du REX est communiqué aux participants en amont (revue d'un projet terminé, évaluation de l'efficacité d'un processus).
- **Définition des objectifs du REX :** éclaircir les objectifs de la session à savoir prise de recul, analyse critique, et mise en avant des meilleures pratiques.
- **Préparation des participants :** demander aux participants de réfléchir à des exemples concrets, des points positifs et des difficultés rencontrées pour nourrir la discussion.

Déroulé du REX

- **Introduction et contexte** (10 min)
  - L'animateur présente l'objectif du REX et le déroulé de la session.

  - Bref rappel du contexte du projet, du processus ou de la méthode analysée.
- **Tour de table des expériences** (20 min)
  - Chaque participant partage son expérience sur le sujet, en mettant l'accent sur :
  - Les points positifs : ce qui a bien fonctionné, les réussites et succès.
  - Les difficultés : les obstacles rencontrés, les éléments à améliorer.
  - L'animateur assure la neutralité et le respect de la parole de chacun.
- **Analyse critique et identification des facteurs clés** (30 min)
  - Analyse collective : l'animateur engage les participants à discuter des éléments partagés.
  - Facteurs de succès et points de vigilance : identifier ensemble les éléments qui ont permis d'atteindre des résultats positifs et les aspects problématiques à surveiller.
  - Utilisation d'un tableau blanc (physique ou virtuel) pour capturer les idées et faciliter la visualisation des points clés.
- **Recherche de solutions et améliorations** (20 min)
  - Brainstorming sur les améliorations : recueillir les suggestions des participants pour mieux gérer les difficultés identifiées à l'avenir.
  - Mise en avant des bonnes pratiques : identifier les pratiques qui pourraient être généralisées aux futurs projets ou aux autres membres de l'équipe.
  - Priorisation des actions : si nécessaire, prioriser les suggestions pour des améliorations réalisables et à fort impact.

- **Plan d'action et suivi** (15 min)
  - Mise en place d'un plan d'action : les participants identifient les actions concrètes à mettre en œuvre suite aux enseignements tirés du REX.
  - Attribution des responsabilités : attribution des actions aux participants en charge de leur suivi.
  - Définition d'un calendrier de suivi : proposer un calendrier pour revoir l'évolution des actions entreprises.

Clôture du REX

- **Synthèse des échanges :** l'animateur résume les points clés abordés et les décisions prises lors de la session.
- **Réflexion sur l'expérience REX :** les participants peuvent partager leur ressenti sur la session elle-même, évoquant les aspects qu'ils ont trouvés utiles.
- **Remerciements et engagements :** remercier les participants pour leur contribution et rappeler les engagements pris pour les futures initiatives.

Points clés pour l'animateur :

- Assurer une neutralité totale pour encourager un partage honnête des expériences.
- Favoriser un climat de respect et de bienveillance où chacun peut s'exprimer sans crainte de jugement.
- Stimuler la réflexion collective et guider le groupe vers des actions concrètes à l'issue du REX.

Avantages et inconvénients des REX

Avantages :

- Favorise la prise de recul sur des expériences vécues.
- Renforce la cohésion et le sentiment d'appartenance au groupe.
- Permet d'améliorer les pratiques collectives par le partage d'enseignements.

Inconvénients :

- Peut être perçu comme peu productif s'il n'aboutit pas à des actions concrètes.
- Demande une capacité d'analyse et de prise de recul de la part des participants.
- Peut prendre du temps sans générer de résultat immédiat si les actions ne sont pas bien suivies.

Les REX constituent un puissant outil de développement collectif, permettant de transformer chaque expérience en source de progression pour les individus et l'équipe.

Séance de codéveloppement

Le codéveloppement est une approche de formation et d'entraide professionnelle où les participants s'appuient sur leurs expériences pour aider et apprendre des autres. Chaque session permet à un participant (le client) de présenter une situation ou problématique, tandis que les autres membres (les consultants) l'aident en posant des questions, en apportant des réflexions, et en proposant des suggestions. Ce format favorise une exploration profonde et collaborative des enjeux professionnels, créant ainsi un cadre de formation mutuelle.

- **Objectif :** permettre au « client » de trouver des pistes pour améliorer une situation, tout en offrant aux « consultants » l'occasion d'apprendre à travers une analyse collaborative de cas réels.
- **Durée :** 3 à 6 heures (selon la complexité de la situation et le format du groupe).
- **Participants :** 6 à 8 personnes (groupe stable de professionnels) et un animateur.
- **Fréquence :** toutes les 2 à 4 semaines.

Préparation de la séance de codéveloppement

- **Choix du client et de la situation :** avant la séance, les participants identifient qui sera le client (tour de rôle). Le client sélectionne un sujet ou une situation professionnelle qu'il souhaite approfondir et partager avec le groupe.
- **Communication des objectifs :** préciser l'objectif principal de la séance (clarification de la problématique, exploration de solutions, apprentissage mutuel).
- **Environnement favorable :** préparer un cadre bienveillant où chacun se sent à l'aise pour partager et contribuer.

Déroulé de la séance de codéveloppement

- **Introduction par l'animateur** (10 min)
  - Accueillir les participants et rappeler le cadre et les règles de fonctionnement (écoute active, non-jugement, confidentialité).
  - Présentation des objectifs de la séance et de la dynamique souhaitée.
- **Présentation de la situation par le client** (15-20 min)
  - Le client expose sa problématique ou une situation de travail qui nécessite un éclairage.
  - Le client précise ses attentes vis-à-vis du groupe (clarification, nouvelles perspectives, solutions concrètes).
- **Clarification par les consultants** (15-20 min)
  - Les consultants posent des questions pour approfondir leur compréhension de la situation.
  - L'objectif est de clarifier les détails et d'identifier précisément les aspects sur lesquels le client souhaite travailler.

  Rôle de l'animateur : veiller à ce que les questions soient constructives et favorisent une exploration sincère, sans jugement.
- **Élaboration de pistes et suggestions** (30-45 min)
  - Les consultants, tour à tour, formulent leurs idées, posent des questions ouvertes, et suggèrent des approches possibles, en utilisant l'approche « Oui ET » pour rebondir de manière constructive sur les propositions des autres.
  - Le client écoute sans interrompre, note les idées, et peut réagir aux suggestions ou poser des questions de clarification.

  Rôle de l'animateur : faciliter la fluidité des échanges, encourager les consultants à approfondir leurs suggestions et à rebondir sur les idées des autres.

- **Synthèse et actions par le client** (15-20 min)
  - Le client résume les points clés retenus et partage son ressenti par rapport aux idées et aux suggestions entendues.
  - Le client identifie les pistes qu'il souhaite explorer davantage et peut partager les actions qu'il envisage de mettre en place.

    Rôle de l'animateur : encourager une réflexion personnelle du client pour l'aider à préciser les prochaines étapes.
- **Retour d'expérience pour les consultants** (15 min)
  - Chaque consultant partage les apprentissages tirés de la séance, en expliquant comment les échanges peuvent enrichir leur propre pratique professionnelle.

    Rôle de l'animateur : encourager les consultants à tirer des enseignements des discussions pour maximiser l'impact du codéveloppement.

Clôture de la séance de codéveloppement

- **Synthèse des apprentissages collectifs :** l'animateur fait un résumé des moments forts de la séance, en mettant en avant les éléments d'apprentissage pour le groupe.
- **Feedback sur le processus :** solliciter le retour des participants sur le déroulé de la séance (ambiance, rythme, pertinence des échanges).
- **Planification de la prochaine séance :** fixer la date de la prochaine séance et confirmer qui sera le client pour la prochaine session.

Points clés pour l'animateur

- **Garantir la neutralité et la bienveillance** : l'animateur doit veiller à ce que chacun respecte les règles et se sente à l'aise de s'exprimer librement.
- **Encourager l'écoute active et la curiosité** : favoriser un climat où les consultants posent des questions ouvertes et non directives.
- **Stimuler la réflexion collective** : utiliser des techniques de questionnement pour guider le groupe et éviter de tomber dans des conseils trop directs ou prescriptifs.

Avantages et inconvénients du codéveloppement

Avantages :

- Favorise l'entraide et l'apprentissage mutuel.
- Permet d'acquérir de nouvelles perspectives et d'expérimenter des idées novatrices.
- Renforce l'engagement et la cohésion du groupe en favorisant la diversité des approches.

Inconvénients :

- Peut susciter du désengagement si les problématiques ne sont pas partagées par tous.
- Demande un investissement en temps et un cadre régulier pour un impact optimal.
- Nécessite un animateur expérimenté pour garantir la bonne dynamique et l'équilibre des échanges.

Le codéveloppement est un puissant levier d'apprentissage collectif, permettant aux participants de se former en s'appuyant sur l'intelligence collective du groupe. L'approche itérative et structurée, soutenue par un animateur bienveillant, garantit une progression individuelle et collective à chaque rencontre.

Bibliographie

Ouvrages et articles

ALBRECHT K., *L'intelligence sociale, Le nouvel art des relations humaines*, Montréal, Éditions de l'Homme, 2008.

AZNAR G., *Idées, 100 techniques de créativité pour les produire et les gérer*, Éditions d'Organisation, 2005.

AZNAR G., BOTTON M. et MARIOT J.-P., *56 fiches d'animation créative*, Éditions d'Organisation, coll. EO/Formation permanente, 1976.

AZNAR G., ELY S., *La posture sensible dans le processus de création des idées*, Éditions Créa Université, 2010.

BAUMANN S., DENÉCHEAU É., GRATTON B., SBINNÉ E., *Animer à distance : Guide de pratiques robustes et éprouvées*, Éditions Eyrolles, 2020.

BEAUCHAMP A., GRAVELINE R. et QUIVIGER C., *Comment animer un groupe*, Montréal, Éditions de l'Homme, 1976.

BOTTON M., *La créativité appliquée en 50 fiches*, Éditions d'Organisation, coll. EO/Formation permanente, 1980.

CHAMPAGNE, CLAUDE, et ADRIEN PAYETTE. Le groupe de codéveloppement professionnel. Presses de l'Université du Québec, 1997.

CHEVALIER-BEAUMEL A., *Préparer une réunion pour mieux l'animer et y participer*, Vuibert, 2004.

CHIROUZE Y., *Le marketing. Études et stratégies*, Ellipses, coll. Transversale, 2004.

COLLECTIF, *Conduire et animer efficacement une réunion*, Éditions Demos, 2010.

COLLECTIF, *Préparer une réunion et réussir les cinq premières minutes*, Éditions Demos, 2010.

COUCHAERE M.-J., *Dynamisez vos réunions*, ESF Éditeur, 2005.

COURATIER C. et MIQUEL C., *Les études qualitatives: théories, applications, méthodologie, pratique*, L'Harmattan, 2007.

DE BONO E., *La pensée latérale*, Stock, 1972.

DEMORY B. et GUILLOT D., *Pour des réunions efficaces et dynamiques*, Éditions du Puits Fleuri, 1997.

DONWAY W., *Décrypter le langage du corps*, Studyrama, 2011.

DOPAMEAN FACTORY, *Guide méthodologique des réunions à distance: maîtriser les 4 règles d'or pour devenir un expert en animation et facilitation virtuelle*, 2020.

DUHOUX P. et JACOB I., *Développer sa créativité*, Éditions Retz, 2006.

FRISCH F., *Les études qualitatives*, Éditions d'Organisation, 1999.

FUSTIER M. et B., *Exercices pratiques de créativité à l'usage du formateur*, Éditions d'Organisation, 2001.

GANY D., *La conduite de réunion*, Édipro, 2009.

GELIN S. et TRUONG K.-L., *Conduire une réunion avec efficacité*, Eyrolles, 2010.

GUELFAND G., *Paroles d'images. Les méthodes projectives appliquées aux études marketing*, Montréal, Gaëtan Morin Éditeur, 1999.

KALFON J., BATTON D., COURCELLE LABROUSSE S., HAMELIN J., KRUSKOVIC S., RIMBAULT G., WILLIS V., *Intelligence collective : Agir et innover en équipe*, Dunod, 2020.

MARTIN D., *Réussir ses réunions*, Éditions Village mondial, 2000.

MUCCHIELLI R., *La conduite des réunions*, ESF Éditeur, 2011.

NOYÉ D., *Réussir vos réunions*, Insep Consulting, 2009.

PEBERDY D., Hammersley J., *Réussir une réunion*, Marabout, 2010.

PONCIN B., *Le plaisir d'être en réunion*, Éditions du Croquant, 2010.

POULET B., *La conduite de réunion*, Éditions Demos, 1999.

SCHUTZ W., *The Human Element: Productivity, Self-Esteem, and the Bottom Line*, Jossey-Bass, 1994 (théories initiales dès les années 60).

THIAGARAJAN S., *Design Your Own Games and Activities: Thiagi's Templates for Performance Improvement*, Pfeiffer, 2003.

WOLFE O., *J'innove comme on respire*, Éditions du Palio, 2007.

Sites Internet

http://edwdebono.com

http://www.prisedeparole.com/truc.htm

http://www.trizfrance.org

Dans la même collection

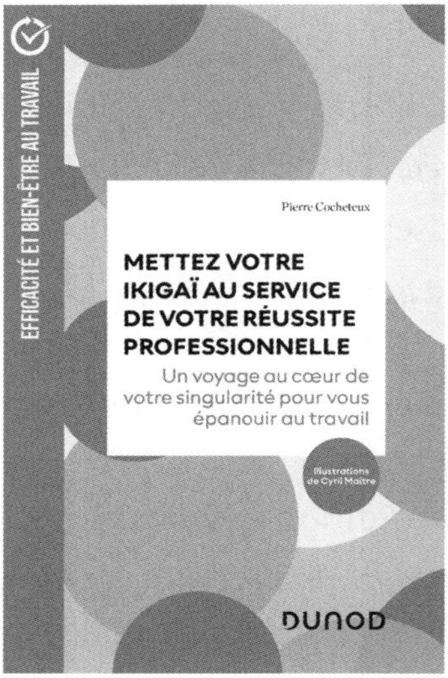

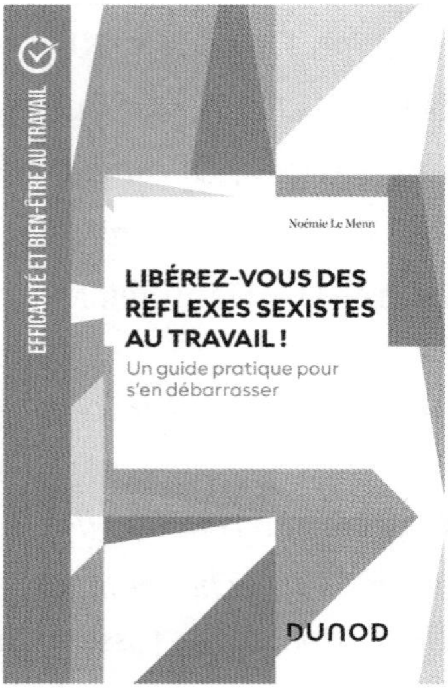

85895 – (I) – OSB 80° – BEP – PRU
Imprimerie CHIRAT - 42540 Saint-Just-la-Pendue
Dépôt légal : août 2025 - N° 2001568
Imprimé en France